# Staats- und verwaltungsrechtliches Praktikum

von

Dr. jur. Albert Baer.

Berlin 1912.
J. Guttentag, Verlagsbuchhandlung,
G. m. b. H.

# Vorwort.

In dem vorliegenden Werkchen sind die wichtigsten Artikel der Reichsverfassung und der preußischen Verfassung sowie die wichtigsten Paragraphen der wichtigsten Gesetze staats- und verwaltungsrechtlichen Inhalts in der Form praktischer Fälle behandelt; und zwar deswegen, weil gerade diese Form dazu angetan ist, juristisch denken zu lehren und juristisches Verständnis zu wecken. Auch deshalb, weil die Fragen im Examen immer mehr darauf abgestellt werden, zu prüfen, ob die Kandidaten es verstehen, ihre Kenntnisse anzuwenden. Den einzelnen Abschnitten sind aber auch theoretische Fragen beigegeben.

Eine intensivere Beschäftigung mit dem Staats- und Verwaltungsrecht wird sich als eine Notwendigkeit aus der immer mehr verlangten und durchgeführten Verschärfung der Examina ergeben; schon jetzt veranlaßt der Umstand, daß in Preußen die dritte Klausur aus dem öffentlichen Recht sein muß, ein intensiveres Studium des Staats- und Verwaltungsrechts als früher.

Die Gesetze sind nach den Ausgaben von Stier-Somlo: Sammlung preußischer Gesetze staats- und verwaltungsrechtlichen Inhalts, und Sartorius: Sammlung von Reichsgesetzen staats- und verwaltungsrechtlichen Inhalts, angeordnet; daraus erklärt es sich, daß die Gewerbeordnung nicht behandelt ist.

Vorhandene Mängel und Unvollkommenheiten wird die Tatsache milder erscheinen lassen, daß das vorliegende Werkchen den ersten Versuch darstellt, das Staats- und Verwaltungsrecht in der Form praktischer Fälle zu behandeln.

**Der Verfasser.**

# Inhaltsverzeichnis.

# I. Reichsverfassung und Wahlgesetz.

1. Der Bundesrat hält es im Interesse der Landesverteidigung für erforderlich, daß eine an der Grenze gelegene schweizerische Stadt deutsch wird. Die Schweiz ist damit einverstanden und fordert als Kompensation einen badischen Ort.

Wie kann der Austausch vor sich gehen? Ist er auch ohne Badens Einwilligung möglich? Kann Baden, wenn es den Tausch verweigert, aus dem Deutschen Reiche ausgeschlossen werden? Kann die Schweiz an seiner Stelle in das Deutsche Reich als Mitglied eintreten? Könnte Baden selbst seinen Austritt erklären?

Wie würde die Abtretung des badischen Ortes bei einem Friedensschlusse vor sich gehen?

2. Der Großherzog von Hessen will den Titel „König" annehmen. Bedarf diese Titelveränderung der Genehmigung des Reiches oder eines Organes des Reiches? Würde sich seine Stellung innerhalb des Reiches damit ändern?

3. Der Militäranwärter K. ist ein Jahr lang zur Probe mit dem Dienste eines Telegraphenassistenten betraut und dann fest angestellt worden; er hat während der Probezeit die Hälfte des gesetzlichen Gehaltes eines Telegraphenassistenten als Tagegelder erhalten. Er hätte jedoch nach den vom Bundesrat auf Grund eines Gesetzes von 1906 beschlossenen Grundsätzen für die Besetzung der mittleren, Kanzlei- und Unterbeamtenstellen bei den Reichs- und Staatsbehörden mit Militäranwärtern drei Viertel jenes Gehaltes beziehen sollen. Er klagt nachträglich gegen den Justizfiskus auf das ihm noch zukommende Viertel. Der Fiskus wendet ein, jene Grundsätze seien kein Gesetz, da solche im Reichsgesetzblatt veröffentlicht werden müßten, sondern nur Verwaltungsnormen; sie seien auch nur im Zentralblatt für das Deutsche Reich publiziert; K. stehe daher kein gesetz-

licher Anspruch zu; die Verwaltungsnormen hätten nur im Verhältnis der Behörden zueinander bindende Kraft. Wie ist zu entscheiden?

4. In der Reichstagssitzung vom 31. Januar 1911 erklärte der preußische Ministerpräsident und Reichskanzler v. Bethmann-Hollweg:

„Es ist unmöglich, die Rolle, welche Preußen dem Reiche gegenüber übertragen ist, mit der Stellung irgendeines andern Teiles des Reiches in Vergleich zu setzen . . .; es müsse eine konstante, staatserhaltende Reichspolitik führen.“

Von vielen Zeitungen wurde dies als ein Verstoß gegen die Reichsverfassung bezeichnet, da Preußen keine andere Stellung habe, als ein gleicher Staat unter gleichen.

Ist dies zutreffend?

5. Bei einer Abstimmung im Bundesrat über ein dem Reichstag vorzulegendes Gesetz ist Preußen überstimmt worden. Die preußische Regierung hält diese Abstimmung für ungültig, da die Bevollmächtigten von Mecklenburg-Schwerin ihre Stimmen nicht gemäß ihrer Instruktion abgegeben hätten. Ist Preußen, die Richtigkeit seiner Behauptung vorausgesetzt, im Recht?

6. Fürst Bismarck sagte in der Reichstagssitzung vom 13. März 1877 ungefähr folgendes:

„Ich halte es für möglich, wenn auch nicht für nützlich, daß der Reichskanzler nicht zugleich die preußische Stimme führe; er braucht nach der Verfassung gar nicht Mitglied des Bundesrats zu sein; er führt nur den Vorsitz in demselben.“ Ist dies zutreffend? Kann der Kaiser als solcher Bundesratsmitglieder ernennen?

7. In einem Wahlaufrufe anläßlich der Reichstagswahl hat ein Wahlkandidat K. in einem Orte, dessen Bewohner infolge einer Ausführungsbestimmung des Bundesrats sehr verärgert sind, den Bundesrat mit den gröbsten Beleidigungen bedacht. Der Bundesrat hat ein Jahr danach die Ermächtigung zur Verfolgung des K. wegen Beleidigung erteilt.

In der Hauptverhandlung macht K. folgendes geltend: Der Bundesrat sei, da er jedes parlamentarischen Charakters entbehre, nur eine Behörde, deren Beleidigung auf Antrag zu erfolgen habe; dieser sei aber nicht gestellt, weder von einem Bundesratsmitglied, noch von dem Bundesrat in seiner Gesamtheit, noch von seinem Vorgesetzten, dem Reichskanzler. Im übrigen könne der Bundesrat gar nicht beleidigt werden; eine Beleidigung könne nur diejenigen treffen, auf deren Instruktion die Mitglieder des Bundesrats gestimmt hätten. Der Bundesrat, der die Ermächtigung zu seiner Verfolgung gegeben habe, sei auch ganz anders zusammengesetzt gewesen als der Bundesrat vor einem Jahre; schließlich müßte die Ermächtigung vom Reichskanzler gegengezeichnet sein, was hier nicht der Fall sei.

Ist K. zu verurteilen?

8. In einer politischen Zeitung ist die Thronrede des Kaisers zur Eröffnung des Reichstages in scharfer Weise kritisiert worden. Der Redakteur ist wegen Majestätsbeleidigung angeklagt. Sein Verteidiger behauptet, von einer Beleidigung des Kaisers könne nicht die Rede sein, denn die Thronrede sei gar keine Willensäußerung des Kaisers; sie sei vielmehr ein Regierungsakt, erlassen unter Verantwortlichkeit des Reichskanzlers, der die Meinungen der verbündeten Regierungen wiedergebe. Dies komme äußerlich schon dadurch zum Ausdruck, daß der Reichskanzler vor versammeltem Hause dem Kaiser die Thronrede überreiche; inhaltlich habe sie die Ankündigung mehrerer Gesetze enthalten und nur ganz vorübergehend die Eindrücke des Kaisers anläßlich seines Besuches am österreichischen Kaiserhof wiedergegeben. In Erwägung dieser staatsrechtlichen Grundsätze habe sein Klient sich gar nicht bewußt werden können, daß die beanstandeten Ausdrücke auf die Person des Kaisers bezogen werden könnten.

Sind diese Einwendungen beachtlich?

9. Im Reichsgesetzblatt von 1875 findet sich unter Nr. 12 eine „Verordnung, betr. das Verbot der Ausfuhr von Pferden“. Sie lautet im Eingang: Wir Wilhelm von Gottes Gnaden Deutscher Kaiser, König von Preußen . . . verordnen im Namen des Deutschen Reiches nach erfolgter Zustimmung der Bundesregierungen was folgt:

Und in § 1: Die Ausfuhr von Pferden ist über sämtliche Grenzen gegen das Ausland verboten.

Worauf beruht das Verordnungsrecht des Kaisers im Reiche? Welche Bedeutung hat in vorliegender Verordnung der Ausdruck: Nach Zustimmung der „Bundesregierungen“?

Ist zwischen dieser Verordnung und der „Verordnung betr. das Verbot der Einfuhr von Kartoffeln aus Amerika . . .“ unter Nr. 11 des Reichsgesetzblattes vom gleichen Jahre, in deren Eingang es heißt „. . . nach erfolgter Zustimmung des Bundesrats“ ein staatsrechtlicher Unterschied?

10. Im Reichsgesetzblatt von 1878 findet sich unter Nr. 14 ein „Allerhöchster Erlaß, betreffend die Beauftragung Sr. Kaiserlichen und Königlichen Hoheit des Kronprinzen mit der Stellvertretung Sr. Majestät des Kaisers in den Regierungsgeschäften“.

„An den Kronprinzen des Deutschen Reiches
und von Preußen . . .“

„Da Ich infolge meiner Verwundung zur Vollziehung der nötigen Unterschriften nicht imstande bin . . . so will ich Eurer Kaiserlichen und Königlichen Hoheit . . . für die Dauer Meiner Behinderung Meine Vertretung in der oberen Leitung der Regierungsgeschäfte übertragen . . .

Berlin, 4. Juni 1878.“

An Stelle der Unterschrift des Kaisers befindet sich unter diesem Erlaß das Zeugnis des Chefs des Zivil- und Militärkabinetts, daß der Kaiser und König von der Verordnung Kenntnis genommen, sie genehmigt und die Vollziehung dem Reichskanzler und Ministerpräsidenten übertragen habe.

Der Erlaß ist von dem Reichskanzler und den preußischen Ministern unterschrieben.

Auf welcher Vorschrift der Reichsverfassung beruht dieser Erlaß? Welches ist seine staatsrechtliche Bedeutung? War seine Veröffentlichung im Reichsgesetzblatt erforderlich? War die Unterschrift der preußischen Minister erforderlich?

11. In einer Reichstagssitzung wurde eine Interpellation, betreffend eine Frage der inneren Politik, verhandelt; der Reichs-

kanzler beantwortete sie. Als ein Redner es rügte, daß nicht auch der Stellvertreter des Reichskanzlers für das Reichsamt des Innern, der Staatssekretär des Innern (zugleich preußischer Bevollmächtigter zum Bundesrat), anwesend sei, um sich zu äußern, erklärte der Reichskanzler, daß der Staatssekretär in Zukunft bei Besprechung der in sein Ressort fallenden Fragen zugegen sein würde. Auch der Staatssekretär entschuldigte später seine Abwesenheit.

Auf Grund welcher Vorschriften der Reichsverfassung ist der Staatssekretär zum Erscheinen im Reichstag verpflichtet? Woher der Reichskanzler? Ist der Stellvertreter des Reichskanzlers verantwortlich? Insbesondere dauernd neben dem Reichskanzler? Ist er Reichsminister?

12. Sachsen-Meiningen weigert sich, die ihm verfassungsmäßig obliegenden Matrikularbeiträge zu zahlen. Kann es dazu gezwungen werden? Kann der Bundesrat die Einkünfte der Landeskassen mit Beschlag belegen lassen; kann er bestimmen, daß gewisse Landessteuern an die Reichskasse abzuführen seien? Kann er gegen den Herzog mit Zwangsmaßregeln vorgehen oder das Landesministerium für abgesetzt erklären und ein neues an seine Stelle zu setzen? Oder überhaupt das Land einem anderen Bundesstaate zur Verwaltung überlassen. Wer hat die Kosten der getroffenen Maßregeln zu tragen?

Wie wäre es, wenn Preußen die Zahlung der Matrikularbeiträge weigerte?

13. In einer Sitzung des Gesangvereins zu C. kam es anläßlich einer Aufnahme eines neuen Mitgliedes, die von dem Gerichtssekretär A. warm befürwortet wurde, zu erregten Debatten, in deren Verlauf der Magistratssekretär B. äußerte, es sei ja nicht verwunderlich, daß A. unlautere Elemente in den bisher streng gesinnungstüchtigen Gesangverein einführen wolle; A. und seine Kollegen C. und D. hätten ja schon bei den letzten Reichstagswahlen sozialdemokratisch gewählt. A. erhebt darauf gegen B. Privatklage wegen Beleidigung. B. erbietet sich, den Wahrheitsbeweis anzutreten und benennt C. und D. als Zeugen für die Richtigkeit seiner Behauptung; die Ehefrau des A. und den Bureauvorsteher V. benennt er als Zeugen dafür, daß A.

zu ihnen am Tage der Reichstagswahl gesagt habe, „heute werde er seinem Ärger über die Schundgehälter Luft machen und rot wählen". C., D. und die Ehefrau verweigern ihre Aussage. Können gegen sie Zwangsmaßregeln ergriffen werden?

14. Amtsgerichtsrat Z., Mitglied des Reichstags, ist als Hilfsrichter an ein Oberlandesgericht berufen worden. Die Regierung ist der Ansicht, daß er durch Annahme der Berufung seines Mandates verlustig gegangen ist. Ist dies richtig? Kann die Regierung, wenn der Reichstag nicht versammelt ist, eine Neuwahl vornehmen lassen? Steht dem Reichstag bei Wiederzusammentritt noch die Prüfung zu, ob das Mandat des Z. erloschen ist? Was ist zu tun, wenn unterdes ein anderer Abgeordneter gewählt ist, der Reichstag aber der Ansicht ist, das Mandat des Z. sei durch Annahme der Hilfsrichterstelle nicht erloschen?

15. Eine sozialdemokratische Zeitung hat in einem Parlamentsbericht zwei Reden der Abgeordneten ihrer Fraktion wiedergegeben, in denen diese die Richter des Landgerichtes zu L. der Rechtsbeugung bezichtigen; die Reden sind wortgetreu wiedergegeben; jedoch sind die Erwiderungen eines freisinnigen und eines konservativen Redners auf diese Angriffe nicht mit abgedruckt worden.

Der verantwortliche Redakteur ist wegen Beleidigung angeklagt. Er macht geltend, daß er die Reden wortgetreu wiedergegeben habe: ihm stehe daher der Schutz der Verfassung zu. Mindestens habe er seinen Parlamentsbericht für einen solchen gehalten, der den Anforderungen der Verfassung und des Strafgesetzbuches entspreche.

Sind diese Einwände beachtlich?

16. Im Reichsgesetzblatte von 1874 findet sich unter Nr. 1033 ein „Gesetz, betr. die geschäftliche Behandlung der Entwürfe eines Gerichtsverfassungsgesetzes, einer Strafprozeßordnung und einer Zivilprozeßordnung sowie der zugehörigen Einführungsgesetze", deren §§ 1, 2, 4 folgendermaßen lauten:

§ 1. Die vom Reichstag zur Vorberatung der Entwürfe eines Gerichtsverfassungsgesetzes . . . . . . eingesetzte Kommission ist ermächtigt, ihre Verhandlungen nach dem Schlusse der gegenwärtigen Session des Reichstages bis zum Beginn der nächsten ordentlichen Session desselben fortzusetzen.

§ 2. Auf die Mitglieder der Kommission finden für die Dauer der Kommissionsverhandlungen die Bestimmungen der Artikel 21, 30 und 31 der Reichsverfassung Anwendung.

§ 4. In einer der folgenden Sessionen der gegenwärtigen Legislaturperiode tritt der Reichstags in die weitere Beratung der im § 1 bezeichneten Gesetzentwürfe ein.

Welche staatsrechtlichen Grundsätze kommen in den angeführten Paragraphen zum Ausdruck?

17. Der Reichstagstagsabgeordnete L. hatte im Reichstag eine Rede gehalten, worin einem Beamten der Staatsanwaltschaft eine Handlungsweise zur Last gelegt war, die denselben mit Beziehung auf seinen Beruf beleidigte. Er hatte nachher in einer Zeitung erklärt, er halte das in der Reichstagsrede über den Beamten Gesagte vollständig aufrecht. Wegen dieser Erklärung wurde gegen L. Anklage wegen Beleidigung erhoben; in der Hauptverhandlung wurde der betreffende Teil der Reichstagsrede verlesen. L. machte in seiner Verteidigung geltend: Das Verlesen seiner Rede und ihre Benutzung als Beweismittel widerspreche der Verfassung. Äußerungen, die er als Abgeordneter tue, könnten überhaupt nicht bestraft werden.

Wird die Anklage durchdringen?

18. Der Reichstagsabgeordnete A. hat sich von seinem Freunde B. verleiten lassen, ein angesehenes Mitglied einer anderen Partei, einen geschäftlichen Konkurrenten des B., den C. (der nicht Reichstagsmitglied ist), bei dem Berichte der Wahlprüfungskommission der Wahlbestechung zu beschuldigen; im Eifer seiner Rede erklärte er auch noch weiter, daß C.s schlechter Charakter sich auch in C.s ganzem Geschäftsgebahren zeige; es sei zu verwundern, daß die von C. hergestellte Margarine noch nicht den Tod vieler Menschen zur Folge gehabt habe. C., der auf der Tribüne des Reichstags anwesend ist, ruft in den Saal: „Gemeinheit“, „Lüge“.

Sind A., B. und C. strafbar? Sind gegen A. ev. zivilrechtliche Ansprüche gegeben? Wie wäre es, wenn A. seine Beschuldigungen dem C. im Erfrischungsraume des Reichstags vorgeworfen hätte?

19. Als anläßlich der Jubelfeier der Einigung Italiens im Deutschen Reichstag des Festes des Bundesgenossen gedacht und auf den König von Italien ein Hoch ausgebracht wurde, blieben die Abgeordneten des Zentrums sitzen, während die anderen Abgeordneten sich von ihren Plätzen erhoben. Können die Abgeordneten des Zentrums bestraft werden? Ev. dann, wenn ihr Mandat beendigt ist? Oder ev. derjenige von ihnen, dessen Mandat nachher für ungültig erklärt wird?

20. Der Reichstagsabgeordnete A. hat durch zu schnelles Fahren mit seinem Automobil in Berlin eine Polizeiverordnung übertreten. Gegen die gegen ihn erlassene polizeiliche Strafverfügung in Höhe von 10 Mark hat er auf gerichtliche Entscheidung angetragen. Vor dem Schöffengericht macht er geltend, daß seine Verurteilung nicht erfolgen könne, da der Reichstag zu dem gegen ihn schwebenden Strafverfahren nicht die Genehmigung erteilt habe. Der Amtsanwalt erwidert, daß dies nur für die Sitzungsperiode gelte, gegenwärtig sei aber der Reichstag vertagt; überhaupt habe A. auf seine Rechte als Abgeordneter verzichtet, da er ja selbst auf die gerichtliche Entscheidung angetragen habe.

Wie ist zu entscheiden?

Konnte A., wenn er zu dem Termin vor dem Schöffengericht nicht erscheint, zwangsweise vorgeführt werden?

21. Eine Partei im Reichstag hat ihrem beliebten Parteiführer P., der aus materiellen Gründen sein Mandat niederlegen will, in notarieller Urkunde einen jährlichen Zuschuß von 3000 Mark versprochen und am Ende des ersten Jahres ausgezahlt. Als sie sich am Ende des zweiten Jahres weigert, den Zuschuß zu zahlen, erhebt P. Klage auf Zahlung der 3000 Mark; die Partei erhebt Widerklage auf Rückzahlung der im ersten Jahre gezahlten 3000 Mark. Wie ist zu entscheiden? Läge der Fall anders, wenn ein reicher Onkel des P. dem P.

einen jährlichen Zuschuß von 3000 Mark zusichert, wenn er das Mandat behält?

22. Im Reichsgesetzblatte von 1886 findet sich unter Nr. 34 folgendes Gesetz:

„Wir Wilhelm . . .

Die Übernahme einer Garantie zu Lasten des Reiches für eine ägyptische Staatsanleihe im Effektivbetrag von 9 Millionen Pfund Sterling wird nach Maßgabe der Bestimmungen der beigefügten am 18. März 1885 zu London unterzeichneten Übereinkunft, sowie der gleichfalls beigefügten Erklärung vom 25. Juli des gleichen Jahres hiermit genehmigt.“

Welche staatsrechtliche Bedeutung hat dies Gesetz? Entspricht es den Vorschriften der Verfassung?

23. Als am 26. September 1904 der Regent von Lippe-Detmold, Graf Ernst zu Lippe-Biesterfeld, starb und gemäß einem lippeschen Landesgesetze sein ältester Sohn Graf Leopold die Regentschaft übernahm, legte Schaumburg-Lippe, da es den Söhnen des Grafen Ernst die Thronfolgefähigkeit bestritt, beim Bundesrate Protest ein und stellte den Antrag, bis zur rechtskräftigen Erledigung des Streites keinen lippeschen Bundesratsbevollmächtigten zuzulassen, in Lippe eine einstweilige Verwaltung einzurichten und auf Grund eines bereits früher ergangenen Bundesratsbeschlusses eine endgültige Entscheidung über die Erbfolge in Lippe-Biesterfeld zu treffen.

Ist der Bundesrat für diese Entscheidung kompetent? Wird er den gestellten Anträgen stattgeben? Kann er selbst eine Entscheidung treffen oder muß er eine Behörde einsetzen, die die Entscheidung trifft? Wie kann er seine Beschlüsse durchsetzen? Würde es gegen die Entscheidung der vom Bundesrat eingesetzten Behörde noch die Berufung an den Bundesrat selbst geben?

24. Der Bundesrat will einem Bundesstaate, der mehrere Stimmen im Bundesrat hat, eine Stimme entziehen. Ein Mitglied des Bundesrats schlägt dafür folgendes Verfahren vor: Durch ein verfassungänderndes Gesetz gemäß Art. 78 Abs. 1 der Reichsverfassung, für das sich leicht die notwendige Mehrheit im Bundesrate und Reichstag finden werde, den Abs. 2 des

Abs. 78 aufzuheben und dann nach Abs. 1 des Art. 78 die Stimmentziehung zu beschließen.

Ist dies Verfahren zulässig? Ist es überhaupt im vorliegenden Falle erforderlich?

25. Ein Beamter eines thüringischen Kleinstaates, nach dessen Staatsverfassung der Fürst das Recht hat, erkannte Strafen aufzuheben und jedes Strafverfahren zu schließen und einstweilen einstellen zu lassen, ist durch Urteil des Landgerichts wegen Unterschlagung zu einer Gefängnisstrafe von drei Monaten verurteilt worden. Er hat sich in einem Gnadengesuch an den Fürsten gewandt und gleichzeitig Revision beim Reichsgericht eingelegt. Wenn daraufhin der Fürst ein Handschreiben zu den Akten des Reichsgerichts gelangen läßt, daß er das Verfahren niederschlage, muß das Reichsgericht sich danach richten? Macht es einen Unterschied, ob das Reichsgericht schon einen Verhandlungstermin angesetzt hat oder nicht? Oder ob schon einmal vor dem Reichsgericht verhandelt ist? Würde der Fall ebenso liegen, wenn der Fürst anläßlich seines Geburtstages eine allgemeine Amnestie erlassen würde, nachdem der Beamte bereits Revision eingelegt hat?

26. Eine Zeitung schreibt unter der Überschrift: „Der jüngste Bundesstaat“: „Wir müssen alle umlernen. Das Deutsche Reich besteht nicht mehr aus 25 Bundesstaaten und einem Reichsland, sondern aus 26 Bundesstaaten, denn das neue Verfassungsgesetz für Elsaß-Lothringen macht ausdrücklich in die Reichsverfassung einen Einschub: Elsaß-Lothringen gilt im Sinne des Artikels 6 Abs. 2 und der Artikel 7 und 8 als Bundesstaat.“

27. Bei einem Promenadenkonzert in Straßburg i. Elsaß spielte die Kapelle den bei den Elsässern sehr beliebten Marsch: Sambre et Meuse. Dies veranlaßte einige elsässische Partikularisten, laut in den Ruf: „Vive la France“ auszubrechen. Als sie von einigen Umstehenden zur Ruhe gewiesen wurden und sahen, daß sich ein Schutzmann näherte, wurden sie sehr erregt und einer von ihnen, H., versetzte einem gerade vorbeigehenden, in Straßburg studierenden Prinzen des preußischen Königshauses einen Schlag mit seinem Stocke.

Die Staatsanwaltschaft erhebt gegen H. Anklage auf Grund des § 96 RStGB.

28. Ein ähnlicher Vorfall wie der eben geschilderte soll sich bei einem Promenadenkonzert im Bade Pyrmont (Waldeck) abspielen. Wenn dort ein preußischer Prinz mit einem Stocke geschlagen wird, ist gegen den Täter die Anklage auf Grund des § 96 RStGB. begründet?

29. Der beliebte Reichstagsabgeordnete D. hat infolge eines Brandunglücks sein Vermögen verloren. Seine Fraktionsgenossen bringen durch Sammlung unter ihren Parteiangehörigen, den Mitgliedern des Reichstags und Aufrufe in den Zeitungen einen Fonds auf, den sie ihm zur Verfügung stellen und der ihm auf einige Jahre eine bescheidene Lebenshaltung sichert. Angehörige anderer Parteien sind der Ansicht, daß D. hierdurch seines Mandates verlustig gehe. Ist dies richtig?

30. Dem Rittergutsbesitzer v. D. im Wahlkreis Oletzko-Lyck-Johannisburg ist auf dem Wege zum Wahllokal von einem Königsberger Studenten ein Wahlzettel mit dem gedruckten Namen des nationalliberalen Kandidaten in die Hand gedrückt worden. v. D. streicht diesen Namen aus und schreibt den Namen des konservativen Kandidaten darunter. Wird dieser Stimmzettel mitgezählt werden? Wie wäre es, wenn v. D. den gedruckten Namen nicht ausgestrichen und den Namen seines Kandidaten darunter geschrieben hätte? Wie wäre es, wenn v. D. seinen eignen Namen als Unterschrift auf einen sonst gültigen Wahlzettel setzen würde?

31. W., der einen doppelten Wohnsitz hatte, nämlich in A. und B., war an beiden Orten als wahlberechtigt in die Wählerlisten eingetragen. Er übte sein Wahlrecht sowohl in A. aus als auch beteiligte er sich an einer Stichwahl in B. Er soll auf Grund des § 108 RStGB. zur Verantwortung gezogen werden. Sein Verteidiger macht geltend, daß W., da er einen doppelten Wohnsitz habe, auch an zwei Orten wählen könne; denn die Vorschrift in § 7 Abs. 2 des Wahlgesetzes von 1869 schließe nur die Wahl in verschiedenen Wahlbezirken desselben Wahlkreises aus; die Eintragung in die Wählerlisten

habe konstitutiven Charakter, mit der Eintragung entstehe das Wahlrecht, auch wenn die Eintragung zu Unrecht erfolgt sei. Sind diese Einwände beachtlich?

## Einzelthemata.

1. Der Entwicklungsgang der Reichsverfassung.
2. Die Präambel der Reichsverfassung.
3. Ist das Deutsche Reich ein Bundesstaat?
4. Der Träger der Souveränität im Deutschen Reich.
5. Rechte und Pflichten der einzelnen Bundesstaaten.
6. Ist der Bundesrat ein Reichsministerium, ein Oberhaus, ein Staatenhaus?
7. Sanktion und Veto im Reich (und in Preußen).
8. Staatsverträge des Deutschen Kaisers (des Königs von Preußen). Ihre staats- und völkerrechtliche Gültigkeit.
9. Ministerverantwortlichkeit im Reich (und in Preußen).
10. Die Tätigkeit des Reichstags.
11. Reichsheer oder Kontingentsheer?
12. Die Wehrpflicht.
13. Das Konsulatswesen.
14. Die Reichsschulden.
15. Kann das Reich Mecklenburg eine Verfassung aufzwingen?
16. Was bedeutet das „richterliche Prüfungsrecht"?

# II. Preußische Verfassung.

1. Als im Gasteiner Vertrag von 1865 das Herzogtum Lauenburg vom Kaiser von Österreich an den König von Preußen abgetreten wurde und mit Preußen in Personalunion trat, erklärte das Abgeordnetenhaus die Zustimmung des Landtags für den Erwerb von Lauenburg für erforderlich. Das Staatsministerium sandte den diesbezüglichen Beschluß des Abgeordnetenhauses jedoch zurück und erklärte, daß es verfassungswidrige Beschlüsse nicht annehme.

War es hierzu berechtigt? War die Zustimmung des Abgeordnetenhauses erforderlich, als Lauenburg 1876 Preußen einverleibt wurde? Wäre die Zustimmung des Abgeordnetenhauses erforderlich, wenn der König von Preußen durch Erbfall Thronfolger in England würde?

2. E. ist Eigentümer eines Teiches, der mit einem öffentlichen Wege durch einen ihm gleichfalls gehörigen Weg in Verbindung steht. Den Zugang zum Teich hat er dadurch gesperrt, daß er in dem Verbindungsweg einen breiten Graben aufgeworfen hat. Eine Verfügung der Polizei, diesen Graben wieder zuzuwerfen, damit in Feuersgefahr Wasser aus dem Teich des E. entnommen werden könnte, hält E. deshalb für ungültig, weil sie Art. 9 der preußischen Verfassung verletze.

3. Die Schauspielerin S. hat vor dem Geheimen Justizrat in Berlin den König von Preußen auf Rückzahlung einer Disziplinarstrafe von zehn Mark verklagt, die ihr in dem Hoftheater in Wiesbaden auferlegt ist. Der König ist nach ihrem Antrag verurteilt worden. Kann sie auf Grund des rechtskräftigen

Urteils die Zwangsvollstreckung betreiben? (Es ist auch die Einrichtung des Geheimen Justizrats zu besprechen).

4. Konnte Prinz August Wilhelm auch ohne Examen auf Grund einer Verordnung seines Vaters, der als König von Preußen ihn von der Ablegung des Referendarexamens befreite, zum Referendar ernannt werden?

5. Die konservative Partei in Preußen hat bei den Wahlen zum Abgeordnetenhause in einem gefährdeten Wahlkreis den preußischen Kriegsminister, in einem anderen Wahlkreis den preußischen Ministerpräsidenten und Reichskanzler zur Wahl als Abgeordnete aufgestellt. Ist, wenn sie gewählt werden, ihr Eintritt in das Abgeordnetenhaus verfassungsrechtlich zulässig? Verlieren sie ihr Ministeramt oder kann der König es ihnen entziehen?

(Wie ist es, wenn beide als Kandidaten für den Reichstag aufgestellt und gewählt werden?)

6. Die Justizverwaltung hat bei dem Amtsgericht in X., das nach dem Etat zwei Gerichtssekretäre beschäftigt, noch einen dritten Sekretär angestellt. Ist sie dazu berechtigt? Hat der Sekretär, obwohl seine Stelle etatsmäßig nicht vorgesehen, einen Gehaltsanspruch? Wie kann er ihn durchsetzen? Macht es einen Unterschied, wenn der Sekretär wußte, daß seine Anstellung im Etat nicht vorgesehen war? Würde, wenn der Fiskus zur Zahlung verurteilt würde, auch diese Zahlung der nachträglichen Genehmigung der Kammern bedürfen?

7. Ein preußischer König ist verschollen, ein anderer volljähriger Agnat aus der brandenburgischen Dynastie ist nicht vorhanden. Wer führt die Staatsgeschäfte Preußens? Ist die Übernahme der Staatsgeschäfte durch die verfassungsmäßige Behörde davon abhängig, daß der König für tot erklärt wird? (Wer führt die Geschäfte des Bundespräsidiums im Deutschen Reiche?)

8. In der Gesetzessammlung von 1858 finden sich Erlasse des Königs Friedrich Wilhelm, die ungefähr folgenden Wortlaut haben:

An
den Prinzen von Preußen, Königliche Hoheit und Liebden.

Da zur Wiederherstellung meiner Gesundheit nach dem Urteile meiner Ärzte noch eine mehrmonatliche Kur erforderlich ist, welche für die nächste Zeit einen Aufenthalt im Ausland bedingt, so will ich Eure Königliche Hoheit und Liebden schon jetzt ersuchen und beauftragen, auch weiterhin meine Stellvertretung in den Regierungsgeschäften sowie in der Vertretung der Angelegenheiten meines Königlichen Hauses fortzuführen. Eure Königliche Hoheit und Liebden wolle hiernach das Erforderliche veranlassen.

Sanssouci den 1858.
Friedrich Wilhelm.

Unterschrift der Minister.

Welche Vorschrift der preußischen Verfassung ist die rechtliche Grundlage für diesen Erlaß? Welche Bedeutung hat er? War seine Veröffentlichung in der Gesetzessammlung erforderlich?

9. In einem Staatsvertrag mit Rußland hat sich die preußische Regierung verpflichtet, sofort nach Vereinbarung des Vertrages und noch vor der Genehmigung der Kammern darauf hinzuwirken, daß in den an der russischen Grenze gelegenen Dschen fiskalischen Wäldern die Jagdausübung in einer gewissen Entfernung von der Grenze den Jagdpächtern untersagt werde. Sie hat eine diesbezügliche, sich als Notverordnung bezeichnende, vom König und zwei Ministern unterzeichnete Verordnung im Gesetzblatt erlassen und für den Fall der Übertretung eine Geld- oder Haftstrafe angedroht. Die Kammern haben bei ihrem Zusammentritt dieser Verordnung die Genehmigung versagt. Kurz darauf soll eine Übertretung der Verordnung durch einen Pächter vor dem Schöffengericht abgeurteilt werden, die noch vor dem Zusammentritt der Kammern erfolgt ist.

Ist die Verordnung formell und materiell rechtsgültig? Kann A. verurteilt werden? Wie ist es, wenn die Verhandlung gegen A. stattfindet, nachdem bereits die Verordnung im Gesetzblatt zurückgenommen ist?

10. X., der zwei Prozesse verloren hat, wie er meint zu Unrecht, und dadurch sehr verarmt ist, glaubt sich dadurch Hilfe schaffen zu können, daß er von der Tribüne des Abgeordnetenhauses laut in den Saal schreit: „Helfen Sie einem Unglücklichen!" Der Abgeordnete Z., ein Neffe des X., ruft, dies sei sein Onkel, dem wirklich Unrecht geschehen sei; wenn das Haus nicht einschreite, so erkläre es sich mit der verlodderten Justizverwaltung einverstanden und sei dann ein elender Menschenhaufe. Was hat mit X. und Z. zu geschehen?

11. Nach einer erregten Debatte im preußischen Landtag, in der die Regierung von den Oppositionsparteien heftig angegriffen wurde, ergriff der Minister des Innern das Wort. Als er einem Abgeordneten „bewußtes Verdrehen der Tatsachen" vorwarf, wurde er vom Präsidenten zur Ordnung gerufen. Er verbat sich den Ordnungsruf, zu dem der Präsident kein Recht habe und sprach weiter. Der Präsident unterbrach ihn und teilte dem Hause mit, daß er das Verhalten des Ministers als unparlamentarisch bezeichnen müsse. Als darauf ein Abgeordneter in überaus lauter Weise „Bravo" schrie, rief der Minister in seiner Erregung ihm zu: „Sie sind auch so ein grober Kerl", worauf ihm der Abgeordnete „danke gleichfalls" zurief. Der Minister brach seine Rede ab und schickte dem Abgeordneten später eine Pistolenforderung zu, die dieser ablehnte.

Wie ist das Verhalten des Präsidenten, des Ministers und des Abgeordneten rechtlich zu beurteilen?

12. Ein Schullehrer an einer öffentlichen Gemeindeschule ist zum Landtagsabgeordneten gewählt worden. Kann er sich zur Ausübung seines Mandates ohne weiteres nach Berlin begeben? Muß er sich gefallen lassen, daß ihm die Kosten für einen Stellvertreter vom Gehalte gekürzt werden? (Wie wäre es bei der Wahl des Schullehrers zum Reichstag?)

13. Bei einer Wahl zum Abgeordnetenhause waren 295 Wahlmänner vorhanden; von diesen gaben 147 ihre Stimme für Herrn von Müller, 147 für Herrn Schulz ab. 1 Stimme wurde vom Wahlvorstand für ungültig erklärt, und zwar des-

wegen, weil sie „von Nüller" angegeben hatte und so im Protokoll vermerkt war. Es fand wegen der Stimmengleichheit eine Stichwahl statt, bei der wieder für jeden Kandidaten 147 Stimmen abgegeben wurden. Das Loos entschied für Herrn Schulz, der auch die Wahl annahm. Die Prüfungskommission des Abgeordnetenhauses trat in eine Prüfung des Wahlvorgangs ein und entschied sich dafür, dem Abgeordnetenhause vorzuschlagen, die als „von Nüller" lautende, im Protokoll verzeichnete Stimme, für gültig zu erklären, da jeder genau wußte, wer damit gemeint war.

Ist ein diesbezüglicher Beschluß des Abgeordnetenhauses zulässig?

Die Kommission entschied sich weiterhin dafür, dem Abgeordnetenhaus vorzuschlagen, folgendes zu beschließen: 1. Die Wahl des Herrn Schulz wird für ungültig erklärt. 2. Herr von Müller ist der rechtmäßig gewählte Abgeordnete, da er gleich im ersten Wahlgang 148 Stimmen, also die absolute Majorität erhalten hat. 3. Das Präsidium des Hauses wird beauftragt, Herrn v. Müller aufzufordern, sich binnen acht Tagen über die Annahme der Wahl zu erklären und demnächst seinen Sitz im Hause einzunehmen.

Hätte die Durchführung dieser Beschlüsse des Abgeordnetenhauses rechtliche Wirkung?

14. Als im Jahre 1863 vom Abgeordnetenhaus eine Kommission von 21 Mitgliedern gewählt wurde, die behufs Information wegen der bei den Wahlen vorgekommenen gesetzwidrigen Beeinflussung der Wähler die Tatsachen untersuchen sollte mit dem Auftrag, die geeigneten Ermittelungen vorzunehmen und dem Hause darüber Bericht zu erstatten, erließ die konservative Fraktion eine Erklärung dahin, daß sie die Einsetzung und den Auftrag dieser Kommission als verfassungsmäßig nicht anzuerkennen vermöge und um deswillen jeden geschäftlichen Verkehr mit derselben ablehnen müsse. Ist diese Erklärung rechtlich begründet?

Welche Befugnisse stehen der Kommission zu? Kann sie selbst Zeugen vernehmen und beeidigen? Kann sie die Zeugen durch Zwangsmittel zum Erscheinen und zur Beeidigung der Aussage zwingen? Oder muß sie die Untersuchungen durch Ersuchen der Staatsanwaltschaft und der Polizei führen lassen? Sind diese ohne weiteres verpflichtet, dem Ersuchen der Kommission Folge zu leisten? Oder nur, wenn die Kommission sie durch den Minister ersuchen läßt? Sind die Minister selbst verpflichtet, der Kommission jede gewünschte Auskunft zu geben? Kann ev. das Abgeordnetenhaus selbst ohne Einsetzung einer Kommission Untersuchungen durch Vernehmung von Zeugen anstellen?

(Die Befugnisse einer Kommission des Abgeordnetenhauses sind zu vergleichen mit den Befugnissen einer Reichstagskommission.)

15. Mit der Leitung des Baus des königlichen Gymnasiums in der Stadt S. ist der Regierungsbaumeister B. beauftragt worden. Er hatte einen Voranschlag gemacht, nach dem die Kosten des Baues höchstens 300000 Mark betragen würden; auf Grund dieses Voranschlags hatte der Landtag 300000 Mark für den Bau bewilligt. Nach Fertigstellung des Baues stellt sich heraus, daß B. den Anschlag um 700 Mark überschritten hat. Diese verlangt die Regierung von B., der sie auch bezahlt. Als dann nachträglich der Landtag die 700 Mark noch bewilligt, verlangt B. Rückzahlung der von ihm gezahlten 700 Mark. Ist er dazu berechtigt?

16. Der Justizfiskus hat an ein Bankkonsortium mehrere alte Amtsgerichte auf Abbruch verkauft und gleichzeitig mit diesem einen Vertrag über eine größere Anleihe zum Bau neuer Amtsgerichte geschlossen. Demnächst weigert sich das Bankkonsortium, die Amtsgerichte abzunehmen und die Anleihe zu zahlen. Auf die Klage des Justizfiskus macht es geltend, daß Verkauf und Darlehnsvertrag ungültig seien: der Verkauf deshalb, weil die durch denselben dem Staate erwachsenden Einnahmen nicht im Budget aufgenommen seien; der Vertrag über die Anleihe deshalb, weil er nicht auf Grund eines Gesetzes erfolgt sei.

Sind diese Einwendungen beachtlich?

(Dasselbe Beispiel in der Art, daß der Militärfiskus Kasernen verkauft.)

17. Der Fischer A. soll vom Schöffengericht bestraft werden, weil er den § 2 der Polizeiverordnung des Regierungspräsidenten in X. zum Fischereigesetz von 1874 übertreten hat. Sein Verteidiger wendet folgendes ein: Auf Grund der Polizeiverordnung könne eine Bestrafung nicht erfolgen. § 22 des Fischereigesetzes lasse zu, daß die weitere Regelung durch eine königliche Verordnung erfolgen könne. Es könne aber nicht zulässig sein, wenn, wie vorliegend geschehen, die erlassene königliche Verordnung das Recht, Bestimmungen zu treffen, dem Regierungspräsidenten delegiere, ohne sonst irgendeine Bestimmung zu treffen. Ist dieser Einwand — die Richtigkeit der Angaben vorausgesetzt — beachtlich?

18. Der vom Schwurgericht zu einer Zuchthausstrafe verurteilte X. hat auf Grund des § 377 Ziffer 1 und 2 der Strafprozeßordnung Revision eingelegt mit der Behauptung, daß die Richter, die ihn abgeurteilt hätten, von der Ausübung des Richteramtes kraft Gesetzes ausgeschlossen gewesen seien, denn gemäß § 108 der preußischen Verfassung hätten die Richter dem König den Eid der Treue zu leisten; dies aber hätten seine Richter infolge des Thronwechsels noch nicht getan.

Ist diese Begründung stichhaltig?

## Einzelthemata.

1. Die drei Gewalten in der preußischen Verfassung.
2. Gilt der Satz princeps legibus absolutus est auch nach der preußischen Verfassung?
3. Die Vorherrschaft des Monarchen nach der preußischen Verfassung.
4. Die Ehrenrechte des preußischen Königs.
5. Regentschaft und Stellvertretung.
6. Was bedeutet „Dreiklassenwahlrecht"?
7. Einnahmebewilligungsrecht und Steuerbefreiungsrecht des Landtags (und des Reichstags).
8. Welche Rechtswirkungen hat das Nichtzustandekommen des Etats in Preußen? (im Reiche?) (in Elsaß-Lothringen?)

9. Bedeutung des Satzes rex est caput principium finis parlamenti.
10. Staatsministerium und Hausministerium.
11. Kann in Preußen durch die Gesetzgebung noch ein Ministerverantwortlichkeitsgesetz erlassen werden? Welche Delikte könnten mit Strafe bedroht werden? Welche Arten von Strafen könnten festgesetzt werden?
12. Welche Bedeutung haben heute die Grundrechte der preußischen Verfassung?
13. Die Entstehung der preußischen Verfassung.
14. Änderungen der preußischen Verfassung.

# III. Polizeirecht.

1. Dem A. ist durch polizeiliche Verfügung aufgegeben worden, sein Haus, das einzustürzen drohe, binnen einer Woche auszubessern oder niederzureißen.

Hat die Polizei das Recht dazu? Welche Mittel stehen ihr zur Durchführung ihrer Anordnung zu? Welche Rechtsmittel stehen dem A. gegen die Verfügung zu?

A. meint, daß er nur Vizewirt sei und ohne den Willen des Wirtes W., der gegenwärtig in Amerika (oder auf einer kleinen Geschäftsreise) sich aufhalte, nichts machen könne. Der Wirt habe ihm die Vornahme jeder Reparatur untersagt. Die Polizei könne sich daher doch wohl nur an den Wirt halten. Der Einsturz des Hauses könne übrigens nur das Nachbarhaus treffen; dies habe aber auf Schutz keinen Anspruch, weil es erst später gebaut worden sei als das Haus des W.

Ist A. zur Einlegung des Rechtsmittels zu raten?

2. Das Polizeipräsidium zu X. hat an den Eigentümer E. eines im Geschäftsviertel liegenden Hauses eine Verfügung erlassen, in der ihm bekannt gegeben wird, daß das Lagern von Kisten auf dem Hofe seines Hauses nur bis zu einer Entfernung von 10 m von den Seiten des Hofes aus gestattet werden könne, weil sonst infolge der Versperrung des freien Durchganges durch den Hof die Sicherheit der Hausbewohner gefährdet sei. E. werde gemäß § 132 des Landesverwaltungsgesetzes bei Vermeidung einer Geldstrafe von 50 Mark, ev. fünf Tagen Haft aufgefordert, die Kisten von dem Teil des Hofes, der frei zu bleiben habe, zu entfernen, und diesen Teil bei Vermeidung einer gleichen Strafe für jeden Fall der Übertretung auch in Zukunft frei zu halten.

E. macht in letzter Instanz geltend: Die Polizei könne sich nicht an ihn, sondern nur an seine Mieter halten, die in ihrem Geschäftsbetrieb täglich große Kisten erhielten und zur Öffnung auf den Hof brächten; er habe gegen seine Mieter keine Zwangsmittel, daher könnten auch gegen ihn solche nicht angewandt werden. Die Verfügung sei auch deshalb rechtlich mangelhaft, weil er darin zu einer unbestimmten Anzahl von Handlungen verpflichtet werde; die Androhung einer Strafe für die Nichtvornahme einer Handlung müßte aber stets von einer Frist abhängig gemacht werden.

Sind diese Einwände beachtlich? Könnte sich die Polizei auch gleichzeitig an die Mieter halten?

3. Über das Vermögen des Zimmermeisters Z. ist der Konkurs eröffnet und der Kaufmann K. zum Konkursverwalter ernannt worden. Diesem wird durch polizeiliche Verfügung aufgegeben, zwei Schuppen auf einem zur Konkursmasse gehörigen Grundstück binnen zwei Wochen zu beseitigen, widrigenfalls dies auf seine Kosten durch einen Dritten geschehen werde. Die Schuppen entsprächen nicht der geltenden Bauordnung. K. gibt dies zu, behauptet jedoch, daß die Polizei höchstens eine Abänderung der Schuppen gemäß der Bauordnung verlangen könne: aber dies auch nicht von ihm, sondern nur von dem Eigentümer, er könne doch nicht als Konkursverwalter für das Verschulden des Eigentümers haftbar gemacht werden; aber auch die Konkursmasse hafte nicht, vielmehr müßte eine Anordnung der Polizei bis nach der Beendigung des Konkurses unterbleiben. Inwieweit sind diese Einwände begründet?

4. Der Händler X. betreibt in seinem Dorfe einen Kleinhandel mit verschiedenen Waren. Er hat ohne Konzession Schnaps ausgeschänkt und ist deshalb schon verschiedene Male bestraft worden. Nach seiner dritten Bestrafung erhält er von dem Amtsvorsteher eine Verfügung dahingehend, daß bei der nächsten Anzeige gegen ihn sein Geschäft polizeilich geschlossen werden würde. Ist diese Verfügung rechtmäßig? Macht es einen Unterschied, wenn sie dahin lautet „bei der nächsten Verurteilung des X. wegen Gewerbevergehens würde sein Geschäft geschlossen werden"?

5. Die Polizeiverwaltung zu G. hat durch eine Verordnung mit Genehmigung des Regierungspräsidenten bestimmt, daß jedes bebaute Grundstück, sobald die Straße, an der es liegt, mit einem Wasserleitungsrohr versehen ist, auf besondere Aufforderung der Polizeiverwaltung an die städtische Wasserleitung angeschlossen werden müsse und zwar innerhalb der in § 3 der Verordnung vorgesehenen Frist von sechs Wochen nach rechtskräftiger polizeilicher Aufforderung. Der § 8 der Verordnung schreibt noch vor, daß Übertretungen mit Geldstrafe bis zu 30 Mark geahndet werden würden.

Auf Grund dieser Verordnung unter besonderem Hinweis auf die §§ 3 und 8 der Verordnung forderte die Polizeiverwaltung den Hausbesitzer M. durch eine Verfügung auf, den Anschluß seines Wohnhauses an die städtische Wasserleitung bei dem Magistrat anzumelden.

M. macht in letzter Instanz folgendes geltend: Die Polizeiverordnung sei ungültig, weil sie eine Strafe androhe, deren Höhe ungesetzlich sei. Es überschreite aber auch die Zuständigkeit der Polizei, den Anschluß an die städtische Wasserleitung zu verlangen, weil dies nur den Zweck haben könne, die Rentabilität des Wasserwerkes zu erhöhen. Wenn aber die Polizei gesundheitliche und sicherheitspolizeiliche Zwecke im Auge habe, so hätte sie diese auch durch andere Mittel z. B. häufige Reinigung der Brunnen erreichen können. Schließlich habe er in seinem Hause absolut gesundes und hinreichendes Brunnenwasser.

Werden diese Einwände durchgreifen?

6. Der Amtsvorsteher A. in X. richtete an den Gutsbesitzer B. ein Schreiben, in dem er ihn aufforderte, mitzuteilen, wann B. den neuen Schornstein seiner Fabrik gebaut habe, wann der Schornstein polizeilich abgenommen sei und wo sich die Bauzeichnung befinde, diese erbitte er im Original, sein Schreiben wünsche er zurück. B. antwortete, er habe gar keinen neuen Schornstein gebaut, der Schornstein seiner Fabrik stehe bereits zwei Jahre, das Schreiben behalte er zurück.

Darauf hin forderte ihn A. durch eine Verfügung auf, bei

Vermeidung einer Zwangsstrafe von 15 Mark das Schreiben zurückzugeben.

Muß A. dieser Verfügung nachkommen?

7. Einer Gesellschaft, die zwischen den Ortschaften D. und E. mit unterwegs drei Haltestellen eine elektrische Bahn verkehren läßt, gibt die Polizei auf, an jeder Haltestelle eine Bedürfnisanstalt zu errichten. Die Gesellschaft macht dagegen geltend: Der Verkehr auf den Haltestellen zwischen D. und E. sei sehr schwach, so daß eine Notwendigkeit für Bedürfnisanstalten nicht vorliege. Der Verkehr in D. und E. sei zwar beträchtlich, jedoch überschreite die Polizei mit vorliegender Verfügung ihre Befugnisse. Wie ist zu entscheiden?

Läge der Fall anders, wenn die Polizei einer Stadtgemeinde aufgäbe, an zwei öffentlichen verkehrsreichen Plätzen Bedürfnisanstalten zu errichten? Die Stadtgemeinde wendet ein, die Polizei könnte, wenn die Verfügung zu Recht bestehe, auch andere Einrichtungen, z. B. die Errichtung von Trinkbrunnen verlangen; dies gehe doch sicher zu weit.

Läge der Fall anders, wenn die Polizei dem J., Inhaber einer großen Fabrik aufgäbe, auf dem Hofe dieser Fabrik eine Bedürfnisanstalt zu errichten? Wie wäre es, wenn J. durch eine Grunddienstbarkeit seinem Nachbar N. gegenüber verpflichtet wäre, den Hof unbebaut zu lassen? Könnte in diesem Falle, wenn J. baut, N. gegen ihn oder gegen die Polizei oder gegen beide vorgehen?

8. Gegen den Ackerbürger A. wird auf Grund einer Ortspolizeiverordnung, die für alle offenen Brunnen eine bestimmte Art der Einfriedigung vorschreibt, eine polizeiliche Strafverfügung erlassen. A. beantragt dagegen gerichtliche Entscheidung.

Er bestreitet nicht, daß er gegen die Verordnung verstoßen habe, hält diese jedoch für rechtsungültig, weil eine Gefahr nicht vorgelegen habe; sicher habe sie bei seinem Brunnen nicht bestanden, da dieser anderweit genügend abgeschlossen war.

Wird A. mit dieser Verteidigung Erfolg haben, wenn tatsächlich die offenen Brunnen allgemein ungefährlich waren oder wenn wenigstens der Brunnen des A. ungefährlich war?

9. M., ein Mitglied des Vereins der Impfgegner, hat trotz wiederholter Aufforderung sein Kind nicht impfen lassen. Durch Verfügung der zuständigen Ortspolizeibehörde wird ihm darauf die Impfung seines Kindes innerhalb einer Frist von acht Tagen unter Androhung einer Zwangsstrafe von zwanzig Mark aufgegeben. Nach fruchtlosem Ablauf der Frist wird die Strafe gegen M. festgesetzt. M. beschwert sich und verlangt Aufhebung der Verfügung.

Er macht geltend: Die Unterlassung der Impfung sei schon nach dem Reichsgesetz vom 8. April 1874 strafbar; die Vollstreckung der Polizeistrafe daher nicht angängig, Reichsrecht breche Landesrecht.

Ist dieser Einwand erheblich?

Wie läge es, wenn A. schon vom Schöffengericht auf Grund des erwähnten Gesetzes rechtskräftig verurteilt wäre?

Könnte er sich andererseits gegen eine Anklage auf die bereits erfolgte polizeiliche Vollstreckung der Zwangsstrafe berufen?

Könnte A. auch nach seiner Bestrafung nochmals aufgefordert werden, die Impfung nachholen zu lassen, mit der Androhung, das Kind würde dem Arzt vorgeführt werden?

10. Einem in seinem Eigenhaus allein wohnenden Sonderling S. ist durch Polizeiverfügung aufgegeben worden, den Flur seines Hauses mit einer Beleuchtung zu versehen.

S. beschwert sich und verlangt Aufhebung der Verfügung.

Er macht geltend: Er allein bewohne die Vorderräume seines Hauses und wenn er selbst durch die mangelnde Beleuchtung zu Schaden komme, so gehe das die Polizei nichts an. Besuche habe er nachweislich in den Jahren seines Aufenthaltes in diesem Hause nie empfangen; seinem Gesinde habe er streng anbefohlen, das Haus niemals durch die Vordertür zu betreten; täte es das doch, so handelte es unbefugt; ihr unbefugtes Handeln habe die Polizei aber nicht zu schützen; mit demselben Recht könnte ihm die Polizei verbieten, einen Hund zu halten, damit dieser nicht die Gesundheit eines Einbrechers gefährde.

Sind diese Einwendungen beachtlich?

11. E., der Eigentümer eines Privatweges, der zwei

öffentliche Wege miteinander verbindet und so eine Abkürzung bildet, erhebt von den diesen Weg passierenden Radfahrern eine Gebühr. Um diese in jedem Falle sicher eintreiben zu können, hat er seinen Hund dahin abgerichtet, diejenigen Radfahrer, die auf Anruf nicht halten, anzuspringen und dadurch zum Absteigen zu bewegen. Hierbei ist es verschiedentlich vorgekommen, daß der Hund die von ihm gestellten Personen gebissen hat.

Die Polizei hat demnächst durch Verfügung an E. angeordnet, den Hund während des Tages festzulegen.

E. klagt auf Aufhebung dieser Verfügung und macht folgendes geltend: Wer seinen Privatweg passiere, erkenne durch die überall sichtbar angebrachten Tafeln, daß dies nur gegen Zahlung von fünf Pfennigen gestattet sei. Gegen schnell dahinfahrende Radfahrer müsse ihm, damit er seinen Anspruch realisieren könne, nach den für ihn stets gegebenen Voraussetzungen des § 229 BGB. das Selbsthilferecht zustehen, das er nur in der von ihm erdachten Art und Weise wirksam ausüben könne. Ein positives Recht könne aber durch eine Anordnung der Polizei ihm nicht genommen werden; die etwa vorhandene Gefahr werde ja lediglich durch die sich aus Böswilligkeit der Bezahlung entziehenden Radfahrer selbst hervorgerufen.

Sind diese Einwendungen beachtlich?

12. V., der Vorsitzende des Radfahrvereins „Kraft" fuhr entgegen den Bestimmungen einer Ortspolizeiverordnung abends nach 8 Uhr auf seinem Rade ohne Laterne. Der Schutzmann S. rief ihn an und forderte ihn auf, zu halten. Da V. dieser Aufforderung nicht nachkam, hetzte S. seinen Dobbermanpinscher „Pluto", der ihm als Polizeihund von seiner vorgesetzten Behörde zur Verfügung gestellt war auf V. Pluto sprang V. an und brachte ihm durch mehrere Bisse größere Wunden bei. Gegen S. wurde die Anklage auf Grund von § 230 StGB. erhoben. Sein Verteidiger macht geltend, daß S. als Beamter des Polizei- und Sicherheitsdienstes das Recht und die Pflicht habe, einer strafbaren Handlung entgegenzutreten und ihre Ausführung zu hindern; dazu könne er sich auch Zwangsmittel bedienen, selbst wenn er voraussehen könne, daß die Anwendung dieser einen

Eingriff in die Unverletzlichkeit der Person zur Folge habe; mit Recht habe S. sich daher im vorliegendem Falle des Polizeihundes bedient.

Ist S. zu verurteilen?

13. In der Xstraße ist durch Zusammenstoß eines Wagens mit einem Bierwagen dieser umgestoßen worden. Demnächst gibt die Polizeibehörde dem Eigentümer E. des Bierwagens auf, für die Fortschaffung der Flaschenscherben Sorge zu tragen; E. beschwert sich gegen die Verfügung. Er macht geltend, daß er nicht mehr Eigentümer der Glasscherben sei, da er sie derelinquiert habe; zudem sei überhaupt nicht er, sondern sein Kutscher der Verpflichtete; dieser aber auch nur dann, wenn in dem schwebenden Prozeß sich herausstelle, daß sein Kutscher die Schuld trage. Bis zur Beendigung dieses Prozesses könne die Polizei überhaupt keine Verfügung erlassen. Stelle sich in dem Prozesse heraus, daß der andere Fahrer die Schuld trage, so müßte die Verfügung an diesen erlassen werden; stelle der Zivilrichter fest, daß beide Fahrer die Schuld trügen, so müßte die Verfügung an beide erlassen werden.

Wie ist zu entscheiden?

14. M., der Mieter der ersten Etage eines Hauses hat sich im Mietvertrage verpflichtet, den durch eine im Erdgeschoß betriebene Restauration entstehenden Lärm zu dulden, auch keine Rechte aus dem Mietvertrage geltend zu machen, wenn in dem Restaurant Militärkonzerte veranstaltet würden.

Wenn nun M. so schwer erkrankt, daß nach der Ansicht seines Arztes die Veranstaltung eines Militärkonzertes im Restaurant ihn in Todesgefahr bringen würde, kann er von der Polizei verlangen, daß diese an den Inhaber des Restaurants eine Verfügung erläßt, die Abhaltung des Konzertes zu unterlassen?

15. Die Polizeiverwaltung hat an dem Zaun des K. ein Schild anbringen lassen mit der Inschrift: „Vorsicht! starkes Gefälle der Straße“. K. hat dies Schild abgerissen. Durch Verfügung der Polizeiverwaltung ist ihm aufgegeben worden, das Schild wieder anzubringen und sich bei einer Strafe von 10 Mark jeder Entfernung desselben zu enthalten. K. erhebt

Beschwerde und macht folgendes geltend: Die Anbringung des Schildes an seinem Zaune bedeute einen Eingriff in sein Eigentum, den er nicht zu dulden brauche. Die Polizei könne ebensogut auf dem Wege selbst eine Warnungstafel aufstellen; die Verfügung sei daher zu Unrecht erlassen.

Die Polizeiverwaltung behauptet demgegenüber, daß, selbst wenn sie andere Möglichkeiten hätte, eine Warnungstafel anzubringen, K. doch nicht eigenmächtig das Schild habe abreißen dürfen; solange die Anbringung des Schildes selbst zu Recht bestehe, müsse K. auch der zweiten Anordnung Folge leisten.

Wie ist zu entscheiden?

16. Durch Verfügung des Amtsvorstehers A. in P. wurde der Eigentümer E. aufgefordert, einen Zaun, den er gezogen hatte, zu entfernen, weil der Zaun auf öffentlichem Wege errichtet sei; die Entfernung habe innerhalb einer Frist von 14 Tagen zu geschehen, widrigenfalls diese Arbeit auf Kosten des K. ausgeführt werden würde. Da E. dieser Aufforderung nicht nachkam, ließ A. den Zaun niederschlagen. Demnächst verklagte E. den A. auf Schadensersatz mit der Behauptung, daß auf Anordnung des A. nicht nur der Zaun, sondern auch hinter demselben stehende wertvolle Obstbäume niedergeschlagen seien. Dadurch habe A. vorsätzlich oder grob fahrlässig seine Amtsbefugnisse verletzt und habe gemäß § 839 BGB. Schadensersatz zu leisten. A. erklärt sich auf die tatsächlichen Behauptungen nicht; er erhebt die Einrede der Unzulässigkeit des Rechtswegs.

Mit Recht?

17. Auf Anordnung des Polizeipräsidenten sind in A., einer Stadt mit königlicher Polizeiverwaltung, zwei Prostituierte ohne vorherige Androhung von Zwangsmitteln zur Heilung von Geschlechtskrankheiten in das außerhalb der Stadt gelegene städtische Krankenhaus geschafft worden. Hierdurch sind folgende Kosten entstanden: Für Heilung 30 Mark, für einen Wagen jedesmal 1 Mark, für Annahme eines Begleiters jedesmal 2 Mark. Diese Kosten hat die Polizeiverwaltung ausgelegt und verlangt sie von der Stadt zurück. Die Stadt meint, daß sie

zur Zahlnng nicht verpflichtet sei; die Kosten für den Wagen seien Transportkosten, die nach § 2 des Gesetzes vom 20. April 1892 dem Staate zur Last fielen; die Tätigkeit des Begleiters sei eine unmittelbare polizeiliche Tätigkeit mit dem Zweck, die Überführung nach dem Krankenhaus zu überwachen und die Kosten dafür fielen somit ebenfalls dem Staate zur Last. Die Heilungskosten habe sie an sich als Kosten zur Herstellung eines polizeimäßigen Zustandes zu tragen; jedoch müßte die Polizeiverwaltung sich erst an die Prostituierten halten.

Wie ist zu entscheiden?

18. Der Mieter M. der Dachstube eines Hauses hat bei der Polizei angezeigt, daß ihm das Dach über dem Kopfe zusammenzubrechen drohe, daß er aber den Vermieter nicht zur Abhilfe bewegen könne: er ersuche die Baupolizei um Besichtigung. Trotz eines Schreibens des Hauswirtes, daß er der Polizei den Zutritt zu seinem Hause untersage, sind zwei Polizeibeamte beauftragt worden, den Zustand des Daches von der Stube des M. aus festzustellen. Sie haben die Dachstube des M., der unterdes ausgezogen ist, mit Gewalt öffnen müssen, da der Wirt sie verschlossen hatte. Um den Zustand des Daches noch weiter zu besichtigen, hielten sie es auch noch für nötig, in die benachbarte Dachstube des N. einzutreten. N., der eine polizeiliche Durchsuchung befürchtete, untersagte den Beamten ebenfalls den Zutritt; er schloß seine Tür ab, die ebenfalls mit Gewalt geöffnet werden mußte.

Ist das Vorgehen der Beamten rechtmäßig?

19. Eine Zeitung schreibt: Der Chauffeur H. von der hiesigen Autotaxametergesellschaft hatte sich gestern vormittag so schwer betrunken, daß er unfähig war, sein Auto zu lenken. Die Polizei verhaftete ihn.

20. Eine Zeitung schreibt: Der vor einigen Tagen seinen Eltern in Hamburg entflohene Kaufmannslehrling N. M., welcher wegen eines kleinen Vergehens harte Bestrafung durch seinen Vater befürchtete, sprang aus einem Ruderboot auf dem Tegeler See bei Berlin in selbstmörderischer Absicht ins Wasser.

Er wurde aber von der Mannschaft eines Klubbootes gerettet und von der Polizei in Haft genommen.

### Sind folgende Ortspolizeiverordnungen gültig:

1. Die die Ausübung der Jagd an Sonntagen allgemein verbieten?
2. Die den Eishändlern verbieten, an Kinder unter 14 Jahren auf der Straße Eis zu verkaufen?
3. Die den Besitzern der Kinematographentheater verbieten, Kindern unter 14 Jahren den Zutritt zu gestatten?
4. Die die Schulpflicht allgemein über das 14. Lebensjahr ausdehnen?
5. Die den Hausbesitzern aufgeben, für Reinigung der Höfe zu sorgen und bei Glatteis zu streuen?
6. Die die Öffnung von Gastwirtschaften frühestens um 6 Uhr morgens gestatten?
7. Die (in einer Industriestadt) anordnen, daß für zwei Schlafgänger mindestens ein Nachtgeschirr vorhanden sein müsse?
8. Die das sogenannte „Anreißen" von Kunden auf der Straße durch den Ladeninhaber verbieten?
9. Die die verkehrsreiche Hauptstraße einer Großstadt für Automobile sperren?
10. Die für Personen, die gewerbsmäßig Privatmittagstische halten, polizeiliche Anmeldung vorschreiben?

### Ist es ratsam, gegen folgende Polizeiverfügungen Rechtsmittel einzulegen?

1. Beim Besuch der Tschechen in Berlin (August 1911) wurde ihnen durch Verfügung des Polizeipräsidenten verboten, in Berlin in ihren Landesfarben aufzutreten, ihre Fahnen zu entfalten und in geschlossenen Reihen durch die Stadt zu ziehen.
2. Einem Wirt wird aufgegeben, seine Hausnummer, die falsch ist, zu ändern.

3. Einem Kapellmeister wird verboten, in seinem Haus Musikproben zu veranstalten, da der Menschenauflauf den Straßenverkehr hindere.
4. Einem Kinematographenbesitzer wird aufgegeben, seine Bilder der Polizei zur Zensur einzureichen.
5. Einem Fleischermeister wird verboten, den Titel „Hoflieferant" zu führen. (Er führt ihn tatsächlich unberechtigterweise.)
6. Einem Blumenhändler wird aufgegeben, einen Kranz, auf dessen Schleife die Marseillaise aufgedruckt ist, aus dem Schaufenster zu nehmen.
7. Dem Vizewirt wird während der Abwesenheit des Wirtes aufgegeben, für genügende Beleuchtung des Hauses zu sorgen.
8. Der Berliner Polizeipräsident richtete an die Berliner Theaterdirektoren eine Verfügung, in der er das Tragen von Kopfbedeckungen in den Logen, im Parkett und den Rängen der Theater während des Spiels untersagte und für jeden Fall der Zuwiderhandlung d. h. der Duldung des Aufbehaltens der Hüte die Festsetzung einer Geldstrafe von 100 Mark androhte.
9. Einem Kneipwirt wird aufgegeben, nicht weiter Branntwein auf Kredit auszuschenken.
10. Einem Hausbesitzer wird aufgegeben, sein Haus, das an der Straße liegt, durch die der Kaiser kommen wird, auszuschmücken. (Wie ist es, wenn alle anderen Häuser der Straße geschmückt sind?)

## Einzelthemata.

1. Die Träger der Polizeigewalt in Preußen.
2. Sicherheitspolizei und Wohlfahrtspolizei.
3. Die Polizei als Organ der Verwaltung, der Gesetzgebung und Strafgerichtsbarkeit.
4. Duplizität des Rechtswegs gegen Polizeiverfügungen,
5. Die Auskunftspflicht des Staatsbürgers gegenüber der Polizei (verglichen mit der Auskunftspflicht gegenüber den Gerichten.)

6. Kann die Polizei, wenn Grund zur Annahme eines polizeiwidrigen Zustandes auf einem Grundstück vorliegt, von dem Eigentümer verlangen, daß er Einnahme des Augenscheins zur Beschlußfassung über sachgemäße Anordnungen gestatte?
7. Der Träger der Polizeipflicht.
8. Besteht die polizeiliche Theaterzensur zu Recht?
9. Die Bedeutung des § 6 i des Gesetzes vom 11. März 1850.
10. Die Bedeutung des § 6 des Gesetzes vom 11. Mai 1842.

# IV. Reichsgesetze.

1. In dem Landstädtchen S. lebt seit einem halben Jahre der landwirtschaftliche Arbeiter A.; infolge einer Krankheit ist er nicht mehr imstande, zu arbeiten und muß von der öffentlichen Armenpflege unterhalten werden. Der Arzt stellt fest, daß er an einer Krankheit leidet, deren völlige Heilung ungefähr zwei Jahre in Anspruch nehmen würde.

Der Magistrat beschließt daraufhin, den A. auszuweisen. Ist er dazu berechtigt?

Was kann er tun, wenn A. nicht freiwillig auf den ihm zugestellten Ausweisungsbeschluß hin die Stadt verläßt?

Kann A. mit Gewalt aus der Stadt entfernt werden?

3. B., der seinen Freund A. besuchen will, wird von diesem schon an der Tür mit den freudigen Worten empfangen: „Mensch, ich habe eben einen Jungen bekommen; geh' mal gleich zum Standesamt." B., der einsieht, daß sein Besuch gegenwärtig unangebracht ist, erwidert: „Mach' ich" und entfernt sich. Da er zu Hause ein dringendes Telegramm vorfindet, begibt er sich auf die Reise, ohne die Anzeige zu machen; erst nach zehn Tagen schickt er von unterwegs eine Benachrichtigung an das Standesamt. Auch A. ist am Tage nach der Geburt verreist. Bei der Niederkunft ist nur die Hebeamme zugegen gewesen.

Wäre die Meldung des B. beim Standesamt ausreichend gewesen?

Gegen wen von den Beteiligten kann strafrechtlich vorgegangen werden?

Läge der Fall anders, wenn B. von unterwegs sofort an A. geschrieben hätte, daß er den Auftrag nicht mehr habe ausführen können und die Frau des A., nachdem sie den Brief gelesen hat, ihn dem A. nachgesandt hätte?

4. Vor dem Standesbeamten in D. schlossen der A. und die B. die Ehe; darauf erklärte der A., daß er das von seiner Ehefrau am 1. Dezember 1909 zu X. geborene Kind Waldemar als das seinige anerkenne. Diese Erklärung wurde vom Standesbeamten im Heiratsregister und am Rande des Geburtsregisters des Kindes eingetragen. Demnächst erklärten die beiden Eheleute übereinstimmend, daß das Kind vom Ehemanne nicht erzeugt sei und beantragten die Berichtigung der Register. Diese wird vom Richter mit folgender Begründung verweigert: Die Eintragung der Anerkennung beweise nur, daß die Anerkennung erfolgt sei, weiter nichts; eine Berichtigung könne es daher nicht geben; selbst wenn sie vorgenommen würde, könnte sie die materiellen Folgen der einmal erfolgten Anerkennung (§ 1720 Abs. 2 BGB.) nicht mehr beinflussen.

Ist dies richtig?

5. Vor dem Prediger P. der Baptistengemeinde in S. erschienen der A. und die B., legten einen in englischer Sprache geschriebenen Schein vor, erklärten, daß dieser die Bescheinigung darüber enthalte, daß sie in England vor dem zuständigen Beamten ihre Ehe geschlossen hätten und baten um die Vornahme der kirchlichen Trauung. P. nahm die Trauung vor. Die Staatsanwaltschaft erhob gegen ihn Anklage auf Grund des § 67 des Personenstandsgesetzes, indem sie geltend machte, daß ein Geistlicher die kirchliche Eheschließung nur dann vornehmen dürfe, wenn ihm nachgewiesen sei, daß die Ehe vor einem deutschen Standesbeamten geschlossen sei. Jedenfalls sei P. überzeugt gewesen, daß ihm der in § 67 verlangte Nachweis nicht erbracht sei; er habe ja garnicht englisch verstanden.

Der Verteidiger des P. macht folgendes geltend: § 67 verlange nur den Nachweis einer zivilrechtlich gültig geschlossenen Ehe; ob diese im Inland oder im Ausland geschlossen sei, sei gleichgültig. Es müsse auch hier der Satz gelten: locus regit actum. P. verstehe zwar kein englisch, habe aber geglaubt, daß die Urkunde eine solche sei, wie sie § 67 verlange; er habe den Beweis der Eheschließung für erbracht gehalten, daher müsse ihm § 59 StGB. zugutekommen; bei P. habe der Vorsatz, den § 67 erfordere, jedenfalls nicht vorgelegen.

Wie ist zu entscheiden?

6. Vor dem zuständigen Standesbeamten des Städtchens C. erschienen der A. und die B., erklärten, daß sie verlobt seien und baten um Anordnung des Aufgebots, da sie die Ehe eingehen wollten. Der Standesbeamte ließ sich die erforderlichen Urkunden vorlegen, veranlaßte das Aufgebot und nahm auch später die Eheschließung des A. mit der B. vor.

Darauf erhob die Staatsanwaltschaft gegen A. Anklage wegen Bigamie und nach der rechtskräftigen Verurteilung des A. Anklage gegen den Standesbeamten auf Grund des § 69 des Personenstandsgesetzes; sie machte geltend, daß der Standesbeamte als Eingeborener des Städtchens den A. habe kennen müssen und auch wie viele Einwohner des Städtchens habe wissen müssen, daß er verheiratet sei und von seiner Frau getrennt lebe; er habe, da er an den Angaben des A. schon bei dessen Antrag auf Erlaß des Aufgebots habe zweifeln müssen, gemäß § 45 des Gesetzes die Pflicht gehabt, Beweismittel dafür zu verlangen, daß A. noch unverehelicht sei. Da er dies außer acht gelassen habe, müsse seine Verurteilung auf Grund des § 69 erfolgen.

Der Standesbeamte macht geltend, daß er wohl von dem Gerücht gehört habe, daß A. verheiratet sei; er sei aber nicht verpflichtet, auf Gerüchte etwas zu geben; eine Prüfungspflicht liege ihm überhaupt nicht ob. Da er weder eine Vorschrift des Personenstandsgesetzes noch des Bürgerlichen Gesetzbuches verletzt habe, müsse er freigesprochen werden.

Wie ist zu entscheiden?

7. Der österreichische Staatsangehörige D. wird als königlich bayerischer Lieutnant in einem Truppenteil angestellt, dessen Garnison in Elsaß-Lothringen ist. Hat diese Anstellung Einfluß auf seine Staatsangehörigkeit? Evtl. welche Staatsangehörigkeit erwirbt er durch die Anstellung?

8. Der Arbeitsbursche A., geboren am 1. April 1880,

ist im November 1895 nach den Vereinigten Staaten von Nordamerika ausgewandert. Kann er im September 1905 (Dezember 1905) nach Deutschland zurückkehren, ohne daß er dort in das Heer eingestellt wird? Ist dies davon abhängig, ob er sich in Amerika in die Liste des deutschen Konsuls hat eintragen lassen?

9. Der preußische Staatsangehörige A. ist 1890 nach England ausgewandert; in den ersten fünf Jahren seines dortigen Aufenthalts ist er stets im Sommer vom 1. Juli bis 1. September in Baden-Baden zur Kur gewesen. Wann ist seine preußische Staatsangehörigkeit erloschen? Wie wäre es, wenn A. 11 Jahre lang in England geblieben wäre, ohne in dieser Zeit nach Deutschland zurückzukehren, hier aber trotzdem seine alte Wohnung nicht aufgegeben, sondern deren Miete stets von England aus bezahlt hat?

10. Der österreichische Staatsangehörige, Kaufmann K. in W., suchte beim Regierungspräsidenten die Naturalisation als preußischer Staatsangehöriger nach. Nach Prüfung der notwendigen Voraussetzungen ließ der Regierungspräsident die Naturalisationsurkunde ausfertigen und übersandte sie dem Polizeipräsidenten in W. mit der Anweisung, sie dem K. erst dann auszuhändigen, wenn er als militärtauglich befunden sei. Durch das Versehen eines Polizeibeamten wurde dem K. die Urkunde gegen Zahlung des Stempels schon vorher ausgehändigt, ihm aber später, als er für militäruntauglich befunden wurde, wieder abgenommen. Demnächst wurde seine Ausweisung verfügt.

Gegen diese Verfügung erhob K. Klage. Er machte geltend, daß ihm die Urkunde zu Unrecht abgenommen sei; durch ihre Aushändigung sei er preußischer Staatsangehöriger geworden und könne daher nicht mehr ausgewiesen werden.

Der Polizeipräsident macht geltend, daß die versehentliche Aushändigung an K. als nicht geschehen zu betrachten sei. Zudem habe sich herausgestellt, daß K. in Österreich bereits zweimal wegen Unterschlagung bestraft sei, was er vorher verschwiegen habe. Auch deswegen sei die Naturalisation als nicht erfolgt zu betrachten. K. sei also noch Österreicher und könne daher gemäß § 130 des Landesverwaltungsgesetzes nicht klagen.

Wie ist zu entscheiden?

Läge der Fall anders, wenn K. den Polizeibeamten bestochen hätte, ihm die Naturalisationsurkunde auszuhändigen?

11. A. aus X. hat seinem Geschäftsfreund B. in Y. ein Paket mit gedruckten, aber in geschlossenen Kuverts befindlichen Warenpreisverzeichnissen gesandt und ihn beauftragt, diese nach Gutdünken an geeignete kaufkräftige Leute in Y. mit Briefporto weiter zu versenden, da offene Drucksachen oft in den Papierkorb geworfen würden. Die Post verlangt demnächst von A. den vierfachen Betrag des von ihm defraudierten Portos. A. meint, daß von einer Defraudation keine Rede sein könne; er habe keine „Briefe" geschickt, auch nicht den Postzwang umgangen. Ev. will er das von ihm gezahlte Paket- und Briefporto von der Strafe abziehen.

Wie ist zu entscheiden?

12. Zwischen dem Städtchen S. und dem Badeort B. läßt der Fuhrherr F. in der Saison einen Omnibus für Personen- und Sachentransport verkehren. Mit diesem Omnibus läßt der Kaufmann K. aus S., der in B. eine Filiale hat, Pakete und Briefe an den Leiter seiner Filiale befördern; die Briefe enthalten Angaben teils über die zum Verkauf in B. mitgesandten Waren, teils über private Angelegenheiten.

Verstößt die Beförderung der Pakete und Briefe gegen das Postgesetz? Läge der Fall anders, wenn K. dem Leiter seiner Filiale auch für diesen bei K. abgegebene Privatbriefe mitschicken würde?

Wie wäre es, wenn das Fuhrwerk dem K. gehörte?

13. K. ist Inhaber des Messenger-Boy-Instituts „Gelbe Radler" in D. Er stellt seine Boten zu den verschiedenartigsten Dienstleistungen gegen tarifmäßige Bezahlung zur Verfügung. Da er auch durch seine Radler verschlossene Briefe in D. befördern ließ, ist gegen ihn Anklage erhoben worden mit der Behauptung, daß er gegen § 2a des Postgesetzes verstoßen habe. K. meint, daß § 2a die Briefbeförderungsanstalten habe

treffen wollen, die früher vielfach existiert hätten. Sein Institut sei einem Dienstmannsinstitut ähnlich, weil er ja Dienste jeder Art: Tragen von Gepäck, Besorgen von Billets, Ausklopfen von Teppichen usw. besorgen lasse. Wenn in seinen Filialen Schreibeinrichtungen für das Publikum seien, so dienten diese nicht hauptsächlich dem Briefverkehr, sondern seien zum Aufschreiben von Bestellungen jeder Art erforderlich.

Wie ist zu entscheiden?

14. D. ist angeklagt, weil er Ansichtskarten hergestellt hat, auf denen Name und Wohnort des Druckers nicht angegeben sind. Er macht geltend, daß Ansichtskarten keine Druckschriften seien, sicherlich aber dem geselligen Leben dienten und auch deshalb den Namen des Druckers nicht zu enthalten brauchten.

Ist er im Recht?

Wenn er die Karten durch V. hat verkaufen lassen, ist auch dieser ev. strafbar?

15. Während der Reichstagswahlen hat eine Zeitung in ihrer wöchentlich erscheinenden illustrierten satyrischen Beilage, die allen Abonnenten des Blattes zugeht, eine Karikatur des gegnerischen Abgeordneten A. gebracht. Diese stellt den Abgeordneten dar, wie er aus den Händen reicher Parteigenossen große Geldsäcke entgegennimmt. Der Abgeordnete schreibt darauf an die Zeitung einen Brief folgenden Inhalts: „Auf Grund des § 11 des Reichspreßgesetzes fordere ich Sie auf, in ihrem Witzblatt eine Berichtigung dahin aufzunehmen, daß ich niemals Geld von meiner Partei erhalten habe, daß ich mir ähnliche Anrempeleien für die Zukunft verbitte und gegen Ihren verantwortlichen Redakteur Strafantrag wegen Beleidigung gestellt habe".

Die Zeitung befragt ihren juristischen Ratgeber, 1. ob sie verpflichtet ist, „Berichtigungen" von Karikaturen zu bringen, 2. ob dies gerade im Witzblatt selbst geschehen muß, das doch nur eine Beilage zu der Zeitung bilde, 3. ob sie von dem Briefe des Abgeordneten den letzten Satz fortlassen dürfe, 4. was A. tun könne, wenn sie seine Berichtigung nicht aufnehme.

16. In einer Zeitung in D. erschien ein Artikel, in dem der Stadtrat S. beschuldigt wurde, Gelder der Stadt unterschlagen zu haben. Der verantwortliche Redakteur wurde wegen Beleidigung verurteilt, ließ aber kurze Zeit darauf einen zweiten Artikel erscheinen, in dem er seine Beschuldigung wiederholte. Infolge dieser Angriffe wurde S. so schwer krank, daß er sich pensionieren lassen mußte. Die Staatsanwaltschaft erhebt darauf gegen den Redakteur Anklage auf Grund des § 230 Abs. 2 StGB., § 20 des Reichspreßgesetzes.

Ist dies rechtlich möglich?

17. Die bei der Polizei eingereichte Nr. 1. der anarchistischen Zeitschrift „Der Stich", auf deren letzter Seite angegeben ist: Redaktion Dunkelgasse 3, Verlag Oberstraße 4, enthält im Briefkasten in einer Antwort an einen Genossen eine Majestätsbeleidigung in französischer Sprache. Bei den Nachforschungen der Staatsanwaltschaft stellt sich heraus, daß in der Dunkelgasse 3 der Schneider Nadel, in der Oberstraße 4 der Drucker Schwarz wohnt, die beide Mitglieder eines anarchistischen Klubs sind. Bei der polizeilichen Vernehmung behauptet Nadel, daß er zwar gewußt habe, daß seine Wohnung als Redaktion bezeichnet sei, daß er sich jedoch nie um die Zeitung gekümmert habe und überhaupt kein französisch verstehe. Schwarz behauptet, daß er sich als Drucker um die Artikel selbst, die er meist nicht verstehe, insbesondere um den vorliegenden nicht wegen der französischen Sprache nicht kümmern könne; er wisse, daß der Schneider nicht Redakteur sei, den wirklichen Redakteur kenne er nicht.

Auf Grund welcher Vorschriften wird die Staatsanwaltschaft gegen Nadel und Schwarz Anklage erheben?

18. Eine Chinesin in Kiautschou, die von einem Deutschen ein uneheliches Kind hat, wird in Kiautschou naturalisiert. Um ihrem Kinde eine deutsche Erziehung geben zu lassen, zieht sie nach Berlin und beantragt hier die Verleihung der preußischen Staatsangehörigkeit.

Muß ihr diese gewährt werden? Erstreckt sie sich auch auf das Kind?

19. Fürst Bismarck bemerkte im Reichstage am 1. Dezember 1885: „Wenn Sie mir mein Gehalt streichen, werde ich einfach vor Gericht klagen und das Reich wird verurteilt werden, solange ich Reichskanzler bin, mir mein Gehalt zu bewilligen."

Zu entscheiden nach heute geltendem Recht.

20. In einem Strafverfahren gegen den Telegraphensekretär T. wegen Unterschlagung im Amte ist dieser freigesprochen worden, obwohl ein ihm zur Last fallender Kassendefekt und Mängel in der Buchführung festgestellt sind. Kann trotz der Freisprechung durch den Strafrichter gegen T. wegen der ihm zur Last gelegten strafbaren Handlungen noch ein Disziplinarverfahren eingeleitet werden? Auch wegen anderer Verstöße bei der Kassenverwaltung? Wäre die Einleitung des Disziplinarverfahrens noch zulässig, wenn T. zwar vom Strafrichter verurteilt, dann aber begnadigt worden wäre? Wäre der Disziplinarrichter an die tatsächlichen Feststellungen des Strafrichters gebunden?

21. A. ist Bibliothekar an der Bibliothek des Reichstags. Der Reichstagspräsident hat gegen ihn, nach einem mit A. angestellten Verhör, durch schriftliche Verfügung eine Geldstrafe von 100 Mark festgesetzt und ihm dann einen Verweis erteilt, und zwar aus folgenden Gründen: A. hat während seiner Dienststunden den „Simplizissimus" gelesen; er ist Mitredakteur einer Fachzeitschrift für Bibliothekare und hat sich als Kandidat zur Stadtverordnetenwahl aufstellen lassen.

Ist der Präsident zu seinem Vorgehen berechtigt? Konnte er gegen A. auch eine Geldstrafe bis zur Höhe des monatlichen Einkommens des A. festsetzen? Auch darüber hinaus? Könnte er den A. seines Amtes entheben?

Welche Rechtsmittel stehen dem A. gegen die Verfügung zu? Wer ist sein Vorgesetzter zwischen zwei Legislaturperioden?

22. Der Arbeiterbildungsverein „Fortschritt" in B. hat durch Plakate an den Littfaßsäulen zu einem Gartenfest in einen großen Restaurationsgarten der Stadt eingeladen. Auf dem Programm des Gartenfestes sind neben Prolog, theatralischen Aufführungen, Konzert und Feuerwerk auch mehrere

Ansprachen vorgesehen, die von dem bekannten sozialdemokratischen Reichstagsabgeordneten der Stadt und dem Redakteur der sozialdemokratischen Zeitung gehalten werden sollen.

Muß, wenn die Polizei zu dem Gartenfest Beauftragte entsendet, diesen der Zutritt gestattet werden?

Kann, wenn die beiden Redner in ihren Ansprachen die politische Lage ausführlich erörtern, auch die Anwesenden zum Eintritt in die Partei auffordern, die Versammlung für aufgelöst erklärt werden?

Welche Rechtsmittel stehen den Veranstaltern gegen die Auflösung zu?

23. Die fortschrittliche Volkspartei im B. veranstaltet zur Zeit der Reichstagswahlen eine Wahlversammlung, in der ihr Reichstagskandidat eine Rede über die politische Lage hält.

Die nicht angemeldete Versammlung wird von der Polizei aufgelöst. In den dem Leiter der Versammlung auf seinen Antrag schriftlich mitgeteilten Gründen gibt die Polizei folgendes an: Zur Auflösung sei sie deshalb berechtigt gewesen, weil an der Versammlung 17jährige Jünglinge und solche ältere Personen teilgenommen hätten, die noch nicht wahlberechtigt seien; auch Frauen seien zugegen gewesen. Die Versammlung sei somit nicht mehr eine Wahlversammlung und daher anmeldepflichtig gewesen.

Ist es ratsam, gegen die Auflösung das Rechtsmittel einzulegen?

24. Der achtzehnjährige Student S. hat drei Semester an der Universität in München studiert. In den Universitätsferien ist er regelmäßig zu seinen Eltern nach Berlin gefahren, hat aber seine Wohnung in München beibehalten. Da ihm infolge eines Zerwürfnisses sein Vater jede Unterstützung entzogen hat, ist er so völlig mittellos geworden, daß er die öffentliche Armenpflege in München in Anspruch nehmen mußte. München hält sich jedoch nicht endgültig für verpflichtet, den S. zu unterstützen meint vielmehr, daß Berlin dies zu tun habe, weil hier der gesetzliche Wohnsitz und Aufenthalt des S. sei.

Wie ist zu entscheiden? Liegt es anders, wenn S. seine Wohnung in München stets aufgegeben hat, sobald er nach B. in die Ferien fuhr? Kann sich der Ortsarmenverband, zu dessen Ungunsten entschieden wird, an den Vater des S. halten? Auch an den S. selbst, wenn dieser nach drei Jahren zu Vermögen kommt?

Kann der von München in Anspruch genommene Armenverband B. einwenden, daß München sich zuerst an den Vater des S. halten müsse?

## Einzelthemata.

1. Die Ausweisung von Bundesangehörigen.
2. Die Beweiskraft der Personenstandsregister.
3. Was ist Staatsangehörigkeit? Wie wird sie erworben und verloren?
4. Naturalisation und Aufnahme.
5. Was bedeutet der „Postzwang“?
6. Die Zeitungsbeförderung nach dem Reichspostgesetz.
7. Die Rechte der Polizei im Reichspreßgesetz.
8. Staats- und völkerrechtliche Stellung der Schutzgebiete.
9. Wer ist Reichsbeamter?
10. Rechte und Pflichten der Reichsbeamten.
11. Die Rechte der Polizei im Reichsvereinsgesetz.
12. Was bedeutet „Unterstützungswohnsitz“. Wie wird er erworben und verloren?

# V. Preußische Gesetze.

1. In einem preußischen Fabrikdistrikt ist ein Streik ausgebrochen, der bereits zu Gewalttaten der Arbeiter gegen die Fabrikherren geführt hat. Das Staatsministerium hat daher im Distrikt bei Trommelschlag durch Mitteilung an die Gemeindebehörde und Anschläge an öffentlichen Plätzen verkünden lassen, daß alle Arbeiter, die sich auf der Straße zusammenrotten oder in einem Hause versammeln würden mit Gefängnisstrafe von einem Tag bis zu einem Monat bestraft werden würden. Der auf Grund dieser Anordnung verhaftete A. macht durch seinen Anwalt vor dem Gericht geltend, daß die Verordnung zwei Formfehler habe, da sie den §§ 3 und 5 des Gesetzes über den Belagerungszustand vom 4. Juni 1851 nicht entspräche; die Verordnung sei somit ungültig.

Mit Recht?

Könnte A. auch bestraft werden, wenn der Landtag in einem Beschlusse ausgesprochen hat, daß er seine Zustimmung zu der erlassenen Anordnung des Staatsministeriums verweigere?

Dürfte die Verordnung auch die Bestimmung enthalten, daß die bezeichneten Handlungen vor Sondergerichten abgeurteilt werden würden?

2. Die Stadtverordnetenversammlung der Handelsstadt D. hat in einer Sitzung beschlossen, an den Reichstag wegen der Zahl ihrer Abgeordneten zum Reichstag und gegen die gerade im Reichstag behandelte etwaige Erhöhung der Getreidezölle zu petitionieren. In der ersten Petition macht sie geltend, daß im Verhältnis zu der stets wachsenden Bedeutung ihrer Stadt die Anzahl der Reichstagsabgeordneten zu gering sei, um ihre Interessen ihrer Bedeutung entsprechend zu vertreten; in der

zweiten Petition macht sie noch einer allgemeinen Einleitung über die Schädlichkeit der Kornzölle für das Leben des gesamten Volkes geltend, daß gerade in D. bei seiner besonderen Bedeutung als Import- und Exportplatz für Getreide durch Zollerhöhung Einfuhr und Ausfuhr zurückgehen und dadurch die Steuerkraft der gesamten Stadtbevölkerung in Mitleidenschaft gezogen werden würde. Der Magistrat beanstandet diese beiden Petitionen, da er sie für nicht gesetzmäßig hält. Er behauptet, daß die Behörden nur innerhalb ihrer Zuständigkeit petitionieren könnten; die vorliegenden Petitionen überschritten aber die Zuständigkeit der Stadtverordnetenversammlung, da sie keine Gemeindeangelegenheiten, sondern Fragen der Staatsverfassung und der allgemeinen Politik beträfen. Die Stadtverordnetenversammlung meint, daß nach Art. 32 der preußischen Verfassung das Petitionsrecht ihr uneingeschränkt zustehe; außerdem handele es sich in ihren Petitionen um Gemeindeangelegenheiten.

Wie ist zu entscheiden? Welche Rechtsmittel stehen der Stadtverordnetenversammlung gegen die Beanstandung des Magistrats zu?

3. Aus einer Zeitung:

Der Bezirksausschuß zu Potsdam hat am Dienstag achtundzwanzig Rixdorfer Stadtverordnetenmandate für ungültig erklärt. Er hat mit den sozialdemokratischen Klägern angenommen, daß in zwei Fällen ein grober Verstoß gegen die gesetzlichen Bestimmungen vorliege, insbesondere in der nicht richtigen Aufstellung der Wählerlisten bezw. Drittelungslisten. Angeblich will die Rixdorfer Stadtverordnetenversammlung sich bei diesem Urteil nicht beruhigen, sondern die Entscheidung des Oberverwaltungsgerichts herbeiführen.

Es sind die einschlägigen Bestimmungen zu besprechen.

4. Anläßlich des Besuches der englischen Journalisten hat die Stadt B. ein Essen im Rathaus veranstaltet; demnächst ist an den Traiteur gezahlt worden, jedoch aus Versehen hundert Mark zuviel. Da der Traiteur diese nicht herausgeben will, will die Stadt gegen ihn klagen.

Wem steht die Entscheidung über die Einreichung einer Klage zu?

Können in dem Prozeß Mitglieder des Magistrats und der Stadtverordnetenversammlung als Zeugen vernommen werden?

Wer würde die Stadt vertreten, wenn der Traiteur mit der Behauptung, er habe den vereinbarten Preis nicht erhalten, gegen die Stadt klagen würde?

5. Ein reicher Amerikaner beabsichtigt, das im 15. Jahrhundert erbaute, einen großen Kunstwert repräsentierende Rathaus der kleinen Stadt X. zu kaufen.

Wer hat die Kaufverhandlungen zu leiten? Was ist zum rechtsgültigen Verkauf erforderlich?

Die Stadtgemeinde macht insbesondere für den Verkauf geltend, daß sie nicht verpflichtet, aber auch garnicht ihren Einnahmen gemäß imstande sei, das Rathaus, das schon abbröckele, zu renovieren und dauernd in ordnungsmäßigem Zustande zu erhalten; sie müßte es also zerfallen lassen; dann wäre es schon besser, wenn sie durch den Verkauf noch eine Einnahme hätte. Sind diese Gründe stichhaltig?

6. Der Regierungspräsident zu X. hat in der für seine Veröffentlichungen benutzten Zeitung folgendes annonciert: „Ich warne das Publikum vor dem Ankauf des von der Gesellschaft ‚Volkswohl‘ angepriesenen Mittels ‚Virol‘; es ist vollkommen wertlos, wenn nicht gesundheitsschädlich“. I. Regierungspräsident.

Er ist demnächst von der Gesellschaft auf Schadensersatz belangt worden. Die Regierung will den Konflikt erheben. Welche Behörde ist dafür zuständig? Wie hat die Entscheidung des Oberverwaltungsgerichts zu lauten?

7. Der Konservenlieferant L. hat an die russische Regierung Konserven geliefert und demnächst bei dem Königlichen Amtsgericht Berlin-Mitte einen Beschluß erwirkt, nach dem das Guthaben der russischen Regierung bei dem B'schen Bankhause mit Arrest belegt wird.

Der Minister der auswärtigen Angelegenheiten hat darauf an das Amtsgericht eine schriftliche Erklärung gelangen lassen, daß er den Rechtsweg für unzulässig halte, weil die fremde Regierung nicht der deutschen Gerichtsbarkeit unterstehe.

L. hält den Kompetenzkonflikt für formell und materiell unbegründet; formell deswegen, weil das Arrestverfahren kein anhängiger Rechtsstreit sei, materiell deswegen, weil zwar der Souverän fremder Staaten, aber nicht die Staaten selbst exterritorial seien.

Wie ist zu entscheiden?

8. Dem Eigentümer E. ist durch Verfügung des Landrats aufgegeben worden, einen Verbindungsweg zwischen seinem Grundstück und der Chaussee zu schaffen. E., der die Gemeinde für verpflichtet hält, klagt beim Amtsgericht auf Feststellung, daß die Gemeinde zur Herstellung des Weges verpflichtet sei. Das Amtsgericht weist die Klage aus materiellen Gründen zurück. E. legt Berufung ein; er ändert, da er unterdes den Weg hat herstellen lassen, seinen Antrag dahin ab, die Gemeinde zu verurteilen, ihm die ausgelegten Kosten zu ersetzen; die Gemeinde erhebt die Einrede der Unzulässigkeit des Rechtsweg und protestiert gegen die Klageänderung. Das Landgericht weist daraufhin die Klage ab; in den Gründen ist gesagt, daß die Abweisung der Klage wegen unzulässiger Klageänderung erfolgt sei; es könne dahin gestellt bleiben, ob statt des Gerichtes die Verwaltungsbehörden zuständig seien.

Darauf erhebt E. Klage beim Kreisausschuß; dieser weist die Klage mit der Begründung zurück, daß die Verwaltungsbehörden unzuständig seien.

E. erhebt darauf den negativen Kompetenzkonflikt.

Ist dieser zulässig? Muß E. insbesondere nicht erst gegen die Entscheidung des Kreisausschusses Rechtsmittel einlegen?

Wie liegt der Fall, wenn das Oberverwaltungsgericht wie der Kreisausschuß entschieden hat?

Ist es für die Entscheidung wesentlich, wenn E. um Zeit zu sparen, die Frist für Einlegung des Rechtsmittels gegen die Entscheidung des Kreisausschusses hat verstreichen lassen und dann den Kompetenzkonflikt erhoben hat?

9. Bei dem Bau der Eisenbahn von A. nach B. ist durch Anordnung des Bezirksausschusses der Mühlenbesitzer M. in der Benutzung eines größeren Baches für seine Mühle beschränkt worden. Gegen die Festsetzung der Entschädigungssumme hat er den Rechtsweg beschritten. Er macht folgendes geltend: Die für ihn festgesetzte Summe sei zu niedrig; der Eisenbahnfiskus hätte sich auch anderswoher das nötige Wasser beschaffen können: wolle er gerade das Wasser des Baches haben, den auch der Kläger benutze, so müsse er auch für allen Schaden aufkommen; Kläger habe schon während des Enteignungsverfahrens Kunden verloren, die geglaubt haben, er würde nicht imstande sein, das Mehl rechtzeitig zu liefern; gerade jetzt sei er dabei gewesen, seine Mühle mit neuen Einrichtungen zu versehen, die ihm sicherlich einen noch größeren Verdienst als bisher abgeworfen hätten; dies müsse er jetzt unterlassen.

Sind die von A. angeführten Tatsachen — ihre Richtigkeit vorausgesetzt — für die Festsetzung der Entschädigungssumme wesentlich? Steht dem Gericht auch die Nachprüfung der Zweckmäßigkeit der Enteignung zu?

10. Bei dem Bau der Eisenbahn von A. nach B. war es erforderlich, die Rosenstraße in B. tiefer zu legen. Auf Antrag des Eisenbahnfiskus wurde gegen die davon betroffenen Grundstücke das Enteignungsverfahren durchgeführt und im Enteignungsbeschluß eine dauernde Beschränkung des Grundeigentums der Hauseigentümer dahin ausgesprochen, daß die Eigentümer die Senkung der Straße mit Bürgersteig vor ihrem Hause um einen halben Meter zu dulden hätten. Für den Eigentümer E. wurde eine Entschädigungssumme festgesetzt. E. beschritt dagegen den Rechtsweg.

Er macht folgendes geltend: Die Senkung der Straße habe zur Folge gehabt, daß sein Haus die Zugänglichkeit zur Straße verloren habe; daß die Kaufläden in seinem Hause zwei Meter über der Straße zu liegen kämen. Dies hindere den Gebrauch seines Hauses, insbesondere das Vermieten der Läden so sehr, daß er die Übernahme des ganzen Hauses durch den Eisenbahnfiskus verlange. Eventuell verlange er Erhöhung der Entschädigungssumme; er hätte das Haus ohne die Enteignung für einen sehr hohen Preis an den Herrn K. verkaufen können; diese Kaufsumme könne er als Entschädigung verlangen.

Ist dem Antrag des E. stattzugeben? Oder dem Eventualantrag? Könnte auch der Eisenbahnfiskus, wenn E. nur den Eventualantrag stellen würde, seinerseits Übertragung des Hauses verlangen?

11. Für die Stadtgemeinde S. wurde das Enteignungsverfahren in betreff dreier an einem Platze stehender Häuser durchgeführt. Das Enteignungsverfahren ist ordnungsgemäß eingeleitet und zum Abschluß gebracht worden; insbesondere sind die Beteiligten zur Feststellung der Entschädigung gemäß § 25 des Enteignungsgesetzes vom 11. Juni 1874 geladen worden. Sieben Monate nach Zustellung des Beschlusses an den Eigentümer erhebt der Mieter M., der in dem Hause Nr. 1 Laden und Wohnung innehatte, Klage gegen die Stadtgemeinde auf Entschädigung auf Grund des § 31 des Enteignungsgesetzes.

Die Stadtgemeinde macht folgendes geltend: Die Klage könne auf § 31 nicht gestützt werden; M. habe ferner deshalb keinen Anspruch, weil er sich im Verfahren trotz ordnungsgemäßer Ladung nach § 25 nicht gemeldet habe; schließlich sei auch die Ausschlußfrist für Beschreitung des Rechtsweges abgelaufen.

M. erwidert, er habe jedenfalls ein selbständiges Recht zur Klage. Da ihm der Beschluß des Bezirksausschusses nicht mitgeteilt sei, könne für ihn die Ausschlußfrist nicht gelten.

Wie ist zu entscheiden?

Wie liegt der Fall, wenn M. nach fünf Monaten klagt?

12. Der Eigentümer E. ist vom Kreistag zum Abgeordneten für den Provinziallandtag gewählt worden; sein Nachbar N., ebenfalls Mitglied des Kreistages, hat beim Vorsitzenden des Wahlvorstandes Einspruch gegen die Wahl des E. erhoben. Er behauptet, daß die Wahl des E. den Voraussetzungen des § 17 der Provinzialordnung vom 29. Juni 1875 nicht entspreche, da E. erst vor einem Jahr in die Provinz gezogen und sein

Grundstück gekauft habe, bereits nach neun Monaten aber das Grundstück wieder verkauft und die letzten drei Monate in der Provinzhauptstadt gewohnt habe.

Der Provinziallandtag hat die Wahl des E. für gültig erklärt. Mit Recht?

Welche Rechtsmittel stehen N. gegen den Beschluß zu? Gegen wen sind sie zu richten?

13. Der Provinziallandtag hat die Aufnahme eines Darlehns zwecks Errichtung einer Provinzialblindenanstalt beschlossen. Über die Hingabe des Darlehns durch die Großbank in S. und die Verpflichtung der Rückgabe ist eine notarielle Urkunde aufgenommen, die vom Landesdirektor und zwei Mitgliedern des Provinzialausschusses unterschrieben und mit dem Amtssiegel des Landesdirektors versehen wurde. Da es zu Streitigkeiten kommt, klagt die Bank noch vor Fälligkeit auf Rückzahlung.

Wie ist diese Klage zu begründen?

Wer ist der Vertreter der Provinz im Prozesse?

14. In der Stadt X. ist der 57jährige besoldete Stadtrat N. zum Kreistagsabgeordneten gewählt worden. Er lehnte die Wahl ab, da er, wie das beigebrachte ärztliche Attest ergebe, krank sei. Der Kreistag erkannte jedoch seinen Entschuldigungsgrund nicht an und beschloß, ihn für fünf Jahre der Ausübung seines Rechts auf Teilnahme an der Vertretung und Verwaltung des Kreises für verlustig zu erklären.

N. erhob gegen diesen Beschluß die Klage beim Bezirksausschuß. Er macht geltend, daß der Beschluß ihm seine Rechte höchstens drei Jahre hätte entziehen können, weil er dann 60 Jahre alt werde und von diesem Zeitpunkt an berechtigt sei, das Amt abzulehnen; ev. erkläre er sich, wenn der Bezirksausschuß seine Krankheit ebenfalls für keinen ausreichenden Grund halten sollte, bereit, das Amt anzunehmen.

Gegen wen hat N. die Klage zu richten? Innerhalb welcher Frist ist sie anzubringen? Ist der erste Einwand des A. beachtlich? Wie ist auf seine jetzt erklärte Bereitwilligkeit zu entscheiden, wenn der Bezirksausschuß seinen vorgebrachten Krankheitsgrund für ungerechtfertigt hält?

15. Durch Verfügung des Amtsvorstehers ist dem Eigentümer E. aufgegeben worden, den auf einem Wege aufgeworfenen Graben wieder zuzuschütten, da der Weg ein öffentlicher sei. E. erhebt Einspruch und nach Zurückweisung desselben Klage. Er macht geltend, der Amtsvorsteher könne die Verfügung nicht erlassen, da er persönlich interessiert sei; der streitige Weg führe nämlich von seinem Grundstück zum Grundstück des Amtsvorstehers und des Besitzers B. Mit dem Amtsvorsteher habe er aber einen Zivilprozeß darüber, ob der Amtsvorsteher berechtigt sei, den Weg zu benutzen.

Der Amtsvorsteher erwidert: Es sei richtig, daß ein Zivilprozeß zwischen ihm und E. schwebe. Dieser beträfe jedoch nur privatrechtliche Verhältnisse; mit der Verfügung habe er den Weg als öffentlichen in Anspruch genommen. Im Zivilprozeß sei er Privatmann, die Verfügung habe er als Behörde erlassen; die Verfügung müsse aber auf jeden Fall Gültigkeit haben; nehme man an, daß er an der Wahrnehmung der Rechte verhindert sei, so müsse wenigstens die Unterschrift seines Stellvertreters, des Eigentümers B. (oder des Eigentümers C.), die sich auch unter der Verfügung befinde, Gültigkeit haben.

Wie ist zu entscheiden?

16. Der Kreisbaurat hält die einzige Bedürfnisanstalt des Städtchens X. für baufällig; er ersucht daher den Bürgermeister, als Ortspolizeibehörde die Schließung der Anstalt anzuordnen. Der Bürgermeister erläßt jedoch die Anordnung nicht, da er von der Baufälligkeit nicht überzeugt ist. Der Baurat wendet sich darauf an den Landrat, der dem Bürgermeister bei Vermeidung einer Zwangsstrafe von 50 Mark aufgibt, dem Ersuchen des Baurats nachzukommen. Da der Bürgermeister auch jetzt noch nicht die Schließung der Anstalt anordnet, läßt der Landrat selbst durch einen Gendarmen die Schließung vornehmen und setzt eine Strafe von 50 Mark gegen den Bürgermeister als Ordnungsstrafe gemäß § 2 des Gesetzes vom 21. Juli 1852 betr. die Dienstvergehen der nicht richterlichen Beamten fest.

Der Bürgermeister, der Rechtsmittel gegen die Festsetzung der Strafe ergreifen will, fragt, ob der Landrat zu seinem Vorgehen berechtigt ist; er weiß zwar, daß dem Landrat die Überwachung der Ortspolizei zusteht, zweifelt jedoch daran, ob der Landrat Zwangsmaßregeln ergreifen und Strafen festsetzen könne. Er fragt weiter, ob nicht das Gericht auch die behauptete Baufälligkeit nachzuprüfen habe, so daß, wenn diese sich nicht erweise, trotz Ungehorsams die Festsetzung der Strafe entfalle; und ob seine Bestrafung deswegen nicht erfolgen könne, weil er sich in einem Irrtum über die Befugnisse des Landrats befunden habe; er sei eben der Ansicht gewesen, daß der Landrat kein soweit gehendes Aufsichtsrecht habe.

Was ist dem Bürgermeister zu raten?

17. Die preußische Universität G. ist Eigentümerin dreier größerer im Kreis belegener Grundstücke; sie will sich an der Wahl der Kreistagsabgeordneten durch den Wahlverband der größeren Gutsbesitzer beteiligen.

Kann sie das? Kann sie auch für jedes Gut ihr Wahlrecht durch den Pächter des betreffenden Gutes ausüben lassen? Wenn ein Pächter selbst Gutsbesitzer im Kreis ist, kann er dann noch, nachdem er seine Stimme als Stellvertreter der Universität abgegeben hat, für sich stimmen oder nachdem er für sich gestimmt hat, noch als Stellvertreter der Universität stimmen? Kann er in diesem Kreis als Stellvertreter stimmen und in einem anderen Kreis als Gutsbesitzer eines dort belegenen Gutes? Kann er seine Stimme als Vertreter der Universität und als Eigentümer eines Gutes abgeben, das nicht zu den größeren Gütern gehört?

18. An dem städtischen Gymnasium in A. waren zwei Professoren verhindert, den Unterricht zu erteilen. Der Professor Germanus war zum Landtagsabgeordneten gewählt worden und hatte sich zur Ausübung seines Mandats nach Berlin begeben. Der Professor Romanus war schwer erkrankt und auf Urlaub in Italien. Mit der Vertretung des Germanus hatte das örtlich zuständige Provinzialschulkollegium den Kandidaten Hermann mit der Vertretung des Romanus den Kandidaten Remus beauftragt. Dieser nahm die Vertretung bis zur Rückkehr des Romanus aus Italien drei Monate lang war; Hermann sechs Monate lang bis zum Schluß der Landtagssession. Der Auf-

forderung des Provinzialschulkollegiums bei der Beendigung der Vertretung des Remus diesem ein monatliches Gehalt von 150 Mark zu zahlen, kam der Magistrat nach, weigerte sich jedoch am Ende der Vertretung des Hermann, diesem irgend etwas zu zahlen und verlangte auch die an Remus gezahlten 450 Mark zurück, da diese rechtsirrtümlich gezahlt seien. Darauf erhielt Hermann von dem Gymnasialdirektor auf Anordnung der Schulaufsichtsbehörde 950 Mark, die aus der städtischen Sparkasse entliehen waren, ausgezahlt. Da der Magistrat der Aufforderung der Schulaufsichtsbehörde, dies Geld der Sparkasse zurückzuerstatten, nicht nachkam, erklärte sie in einem Schreiben an den Magistrat, daß sie die von ihm zu erstattende Summe auf 950 Mark und 450 Mark feststelle. Die Einstellung dieser Summe in den Etat wurde darauf von dem Regierungspräsidenten angeordnet.

Die Stadtgemeinde erhebt Klage beim Oberverwaltungsgericht. Sie macht folgendes geltend: Sie wolle nicht bestreiten, daß das Provinzialschulkollegium die zuständige Behörde sei. Die Zwangsetatisierung der schon gezahlten 450 Mark sei formell unzulässig, weil es eine Zwangsetatisierung d. h. eine Zwangsvollstreckung nur gegenüber nicht gezahlten Leistungen geben könne; die 450 Mark müßten als gezahlt gelten, auch wenn sie jetzt das Geld zurückverlange. Sie sei aber auch zur Zahlung nicht verpflichtet, denn Germanus hätte für seine Vertretung selbst aufkommen müssen; die Schulaufsichtsbehörde solle sich an ihn halten; für Romanus hätte durch Verteilung der Stunden auf andere Lehrer eine Vertretung sich erübrigen lassen. Der Regierungspräsident hat Abweisung der Klage beantragt.

Wie ist zu entscheiden?

19. Durch Anordnung der Wegepolizeibehörde in T. ist dem Eigentümer E. aufgegeben worden, die auf einem zwischen seinen Äckern durchführenden Wege aufgestellte Tafel mit der Inschrift: „Benutzung widerrechtlich gestattet. E. Eigentümer“ fortzunehmen, da der Weg ein öffentlicher sei. E. erhebt Einspruch, wird aber zurückgewiesen. Demnächst erhebt E. Klage beim Oberverwaltungsgericht mit dem Antrage, den Weg für

einen nichtöffentlichen zu erklären. Er macht folgendes geltend: Schon einmal habe die Wegepolizeibehörde von ihm die Entfernung der Tafel verlangt; diese Anordnung sei jedoch auf seinen Einspruch aufgehoben worden. Daraus ergebe sich, daß sein Weg ein privater sei und der erneuten Aufforderung stehe die exceptio rei judicatae entgegen.

Die Behörde hält den Antrag des E. überhaupt für unzulässig. Die einmal erfolgte Entscheidung sei bedeutungslos, weil Gegenstand des Streitverfahrens stets nur die einzelne Anordnung sei.

Wie ist zu entscheiden?

Könnte, wenn die Beklagte ihre Verfügung wiederum zurückgenommen hätte, E., um endgültig über die Rechtsverhältnisse an dem Weg Klarheit zu schaffen, trotzdem die Entscheidung des Oberverwaltungsgerichtes verlangen?

20. Während des Umbaues der Volksschule in G. sind drei Klassen in einem Mietshause untergebracht worden. Zu den Kosten des Umbaus und der Miete hat der Fiskus die Summe von 1000 Mark bezahlt, demnächst aber, da er sich zur Zahlung nicht für verpflichtet hält, diese zurückgefordert und nach vergeblicher Rückforderung gegen die Gemeinde G. die Klage auf Rückzahlung der 1000 Mark nebst 4 % Zinsen seit dem Tage der Rückforderung im Verwaltungsstreitverfahren erhoben.

Die Gemeinde macht folgendes geltend: Es könne dahin gestellt bleiben, ob dem Fiskus die öffentlich-rechtliche Verpflichtung zur Zahlung des Beitrags obliege, denn das Verwaltungsstreitverfahren sei formell unzulässig. Es handle sich in der Klage um eine condictio indebiti, die vor die ordentlichen Gerichte gehöre; das Verwaltungsstreitverfahren sei aber auch deshalb unzulässig, weil noch kein Beschluß der Schulaufsichtsbehörde über die Verteilung der Schullast vorliege; auch seien die Mietkosten keine Bau- oder Unterhaltungskosten.

Ist das Streitverfahren vorliegend zulässig?

21. In der Stadt G. ist eine Markthalle errichtet worden. Der Magistrat beantragt beim Bezirksausschuß, von den vier bisher in der Stadt abgehaltenen Wochenmärkten die beiden in der König- und Zaunstraße abgehaltenen Wochenmärkte mit

dem Tag der Markthalleneröffnung für geschlossen zu erklären. Der Bezirksausschuß hält sich für unzuständig und die Ortspolizeibehörde nach den Bestimmungen der Gewerbeordnung für zuständig.

Mit Recht?

22. Über ein zwei Landkreise trennendes Flüßchen führt eine Brücke, die auf der einen Seite an die Feldmark des Gutsbesitzers A., auf der anderen Seite an die des Gutsbesitzers B. angrenzt. A. bessert die reparaturbedürftige Brücke aus und verlangt von B., den er aus öffentlich-rechtlichen Gründen für verpflichtet hält, die Hälfte der Reparaturkosten erstattet. Da B. die Zahlung verweigert, erhebt A. Klage auf Zahlung beim Kreisausschuß des Kreises, zu dem die Feldmark des B. gehört. Der Kreisausschuß verhandelt, erhebt auch Beweis, weist aber dann die Klage wegen örtlicher Unzuständigkeit ab. A. legt Berufung beim Bezirksausschuß ein; er behauptet, der von ihm angerufene Kreisausschuß sei deshalb zuständig, weil er ja nicht die ganze Summe verlange, sondern nur den Teil, der auf B. entfalle. Zudem habe sich B. auf die Verhandlung eingelassen, der Gerichtsstand sei daher zu einem prorogierten geworden.

Wie ist zu entscheiden? Ev., welches Verwaltungsgericht ist zuständig?

Ist die Unzuständigkeit von Amts wegen oder nur auf Einrede zu prüfen?

23. Durch Urteil des Oberverwaltungsgerichts ist der Kossät E. verurteilt worden, einen Drahtzaun von einem als öffentlich bezeichneten Wege zu entfernen. Der Landrat hat darauf im Namen des Kreisausschusses dem E. aufgegeben, binnen acht Tagen den Drahtzaun zu entfernen, widrigenfalls die Handlung durch einen dritten auf Kosten des E. erfolgen würde. Da E. die Beseitigung nicht vornahm, auch die Kosten von ihm nicht beigetrieben werden konnten, wurde ihm vom Landrat eine Geldstrafe ev. Haft angedroht, die Geldstrafe auch festgesetzt und tatsächlich beigetrieben. Da E. auch dann noch nicht den Zaun beseitigte, wurde ihm wiederum Geld- ev. Haft-

strafe angedroht und wiederum die Geldstrafe festgesetzt. Darauf erließ der Regierungspräsident an den Landrat eine Verfügung — die als auf Grund der §§ 48 und 50 Abs. 3 des Landesverwaltungsgesetzes ergangen bezeichnet ist — dahingehend, der Landrat solle seine letzte Verfügung an E. betr. die Festsetzung der Geldstrafe aufheben und nochmals die Beseitigung des Zauns durch einen dritten auf Kosten des E. anordnen.

Ist der Landrat verpflichtet, der Verfügung des Regierungspräsidenten nachzukommen?

24. Dem Hausbesitzer B. ist der Anschluß seines Hauses an die städtische Wasserleitung vom Magistrat verweigert worden. Er erhebt gegen den Magistrat Klage beim Bezirksausschuß, lehnt aber vor Eintritt in die mündliche Verhandlung das Mitglied des Bezirksausschusses M. wegen Befangenheit ab, weil M. gleichzeitig Mitglied des Magistrats sei. Der Bezirksausschuß entscheidet: Die Ablehnung ist unbegründet. In den Gründen heißt es: M. sei weder Partei, noch Prozeßbevollmächtigter, noch Beistand, noch gesetzlicher Vertreter; es sei sogar unerheblich, daß er einen Schriftsatz des Magistrats mitunterzeichnet habe.

Ist dies richtig? Welches Rechtsmittel steht dem B. gegen die Entscheidung des Bezirksausschusses zu? Welches dem M.?

25. Dem Eigentümer E. ist von der Wegepolizeibehörde aufgegeben worden, einen Graben, den er auf einem Wege gezogen hat, wieder zuzuwerfen, da der Weg ein öffentlicher sei. E. erhebt, nachdem sein Einspruch zurückgewiesen ist, Klage beim Kreisausschuß. Er wie die Polizeibehörde haben Schriftsätze und Urkunden beim Kreisausschuß eingereicht, ohne mündliche Verhandlung zu beantragen. Das Gericht hat darauf ohne mündliche Verhandlung Beweis erhoben und nach der Beweisaufnahme wiederum ohne mündliche Verhandlung einen dem E. ungünstigen Bescheid erlassen. E. will Berufung einlegen, da er das Verfahren des Kreisausschusses für unzulässig hält. Ist ihm dazu zu raten?

26. Die Ortspolizeibehörde zu S. lud D., den Direktor einer Fabrik, die einer Gesellschaft mit beschränkter Haftung

gehört, zum Termin vor, eröffnete ihm, daß der Gesellschaft untersagt werde, die Abwässer der Fabrik in den bei S. vorbeifließenden Fluß zu leiten und daß für jeden Tag der Zuwiderhandlung eine Geldstrafe von 70 Mark festgesetzt werden würde, an deren Stelle im Nichtbeitreibungsfalle sieben Tage Haft treten würden; dieselbe Strafe werde den Direktor der Fabrik selbst als den verantwortlichen Leiter derselben treffen. Über diese Verhandlung wurde ein Protokoll aufgenommen. Als demnächst die Geldstrafe festgesetzt wurde, erhob die Gesellschaft Beschwerde. Sie machte folgendes geltend: Die Verfügung der Polizeibehörde, die die Strafe festsetze, müsse aus formellen Gründen aufgehoben werden; die Androhung entbehre der gesetzlich vorgeschriebenen Form, die angedrohte Strafe sei zu hoch; sie könne auch nur für jeden Fall, nicht jeden Tag der Zuwiderhandlung angedroht werden; eine Haftstrafe könne nach dem Satz: societas delinquere non potest gegen die Gesellschaft überhaupt nicht angedroht werden; die Strafe dürfe auch nicht dem Leiter, sondern höchstens den Inhaber der Fabrik treffen.

Ist die Beschwerde gegen die Festsetzung der Strafe zulässig und wie ist zu entscheiden?

27. Auf Grund einer Polizeiverordnung, die in § 7 das Gießen von unreinen Flüssigkeiten in die Straßenrinne unter Strafe stellt, ist A. vom Schöffengericht zu einer Geldstrafe verurteilt worden. Er legt Berufung ein und macht geltend, daß die Polizeiverordnung der Gültigkeit ermangele, weil sie nicht unter Zustimmung des Gemeindevorstandes erlassen sei. Der Staatsanwalt hält diese Zustimmung für nicht erforderlich.

Wie ist zu entscheiden?

28. Der Eigentümer E. ist in der Landgemeinde als Angesessener zum Gemeindeverordneten gewählt worden. Demnächst hat er sein Anwesen verkauft, seinen Wohnsitz aber im Gemeindebezirke beibehalten; er ist auch zur Staatseinkommensteuer veranlagt worden. Die Gemeindevertretung hat durch Beschluß sein Amt als Gemeindevorsteher für erloschen erklärt.

E. hat gegen diesen Beschluß Klage beim Kreisausschuß eingereicht mit dem Antrage, den Beschluß für ungültig zu erklären. Er hält ihn für formell unzulässig und materiell unbegründet. Unzulässig deswegen, weil der Gemeinde gar nicht das Recht zustehe, über den Verlust unbesoldeter Gemeindeämter zu beschließen (§ 66 der Landgemeindeordnung vom 3. Juli 1891) unbegründet deshalb, weil keine für seine Wahl wesentliche Voraussetzung fehle (§§ 43, 41).

Die Beklagte macht geltend, daß ihr das Recht doch zustehe; auch sei ein wesentliches Erfordernis des § 41 fortgefallen. Zudem sei das nach § 52 notwendige Stimmenverhältnis in der Gemeindevertretung durch den Verkauf des E.schen Hauses verschoben, weil nach diesem Verkauf nicht mehr zwei Drittel der Gemeindeverordneten angesessen wären; auch deswegen müßte E. sein Amt verlieren. Wie ist zu entscheiden?

Läge der Fall anders, wenn E. die Wirtschaft seinem Sohn gegen ein Altenteil überlassen hätte? Wenn er seinen Wohnsitz in die benachbarte Gemeinde verlegt hätte?

29. In der Gemeinde G. befindet sich eine unstreitig im ausschließlichen Eigentum der Gemeinde stehende Dunggrube, die die Gemeindeangehörigen zum Abladen von Dung und Abfällen benutzen; auch eine Molkereigenossenschaft hat dort die Abfälle ihres Betriebes abgeladen. Demnächst untersagt der Gemeindevorsteher der Molkerei die weitere Benutzung der Grube und droht für jeden Fall der Zuwiderhandlung eine Geldstrafe von 5 Mark an. Die Genossenschaft erhebt darauf, da ihrer Beschwerde nicht stattgegeben wird, Klage im Verwaltungsstreitverfahren. Sie macht folgendes geltend: Als Gemeindeangehörige habe sie das Recht, die Einrichtungen der Gemeinde zu benutzen; Gemeindeangehörige sei sie deswegen, weil sie ihren Wohnsitz in der Gemeinde habe; daß auch juristische Personen Gemeindeangehörige seien, ergebe sich auch aus § 45 der Landgemeindeordnung. Ferner aber sei auch der Gemeindevorsteher gar nicht berechtigt, Zwangsmittel anzudrohen, da ihm dies Recht nur dann zustände, wenn er in Ausübung der obrigkeitlichen Gewalt als unmittelbarer Staatsbeamter handle; hier aber nehme er nur die Rechte der Gemeinde wahr.

Wie ist zu entscheiden?

30. Auf den der Landgemeinde G. gehörigen Wiesen haben die Kühe haltenden Gemeindemitglieder ein Weiderecht ausgeübt. Demnächst beschließt die Gemeindevertretung, diese Wiesen in Zukunft zugunsten der Gemeindekasse zu verpachten.

Was ist zur Rechtswirksamkeit dieses Beschlusses erforderlich? Unter welchen Voraussetzungen können die betroffenen Gemeindemitglieder gegen diesen Beschluß Rechtsmittel einlegen?

31. E. ist Eigentümer eines Gutes, das einen selbständigen Gutsbezirk im Sinne der Landgemeindeordnung von 1891 bildet. Er hat bisher die Rechte und Pflichten eines Gutsvorstehers gehabt. Gehen diese, wenn er das Gut verkauft, auf den Käufer, wenn er es verpachtet, auf den Pächter über? Was geschieht, wenn er es im Testamente seinen beiden Söhnen hinterlassen hat, wenn er stirbt und seine Frau mit den volljährigen (minderjährigen) Kindern die Gütergemeinschaft fortsetzt, wenn er es an eine Molkereigenossenschaft verkauft, wenn er sich die Hälfte des Jahres in der Kreisstadt aufhält, wenn er es einem anderen seiner Grundstücke als Zubehör zuschreiben läßt?

## Einzelthemata.

1. Was bedeutet „Selbstverwaltung“?
2. In welcher Weise kommt die Selbstverwaltung in der preußischen Städteordnung von 1853 zur Geltung?
3. Die Eingemeindung nach der Städteordnung von 1853.
4. Konflikt und Kompetenzkonflikt.
5. Die Wirkungen der Urteile des Kompetenzkonfliktsgerichtshofes beim positiven und negativen Kompetenzkonflikt.
6. Austritt aus der Kirche. (Voraussetzungen und Wirkungen.)
7. Erwerb von Grundeigentum durch Enteignung. (Verfahren und Wirkung.)
8. Kommunalverwaltung der Provinz. Staatsverwaltung der Provinz.
9. Kommunalverwaltung der Landkreise. Staatsverwaltung der Landkreise.

10. Kommunalverwaltung der Stadtkreise. Staatsverwaltung der Stadtkreise.
11. Kommunalverwaltung der Landgemeinden. Staatsverwaltung der Landgemeinden.
12. Kommunalverwaltung der Gutsbezirke. Staatsverwaltung der Gutsbezirke.
13. Kommunalverwaltung der Regierungsbezirke. Staatsverwaltung der Regierungsbezirke.
14. Kommunalverwaltung der Amtsbezirke. Staatsverwaltung der Amtsbezirke.
15. Was bedeutet „Rechtskontrolle der Verwaltung"?
16. Verwaltungsstreitverfahren und Zivilprozeß. (Ein Vergleich der die beiden Verfahren beherrschenden Maximen.)
17. Die Verfahrensarten im Verwaltungsrecht.
18. Die Zwangsetatisierung.

Druck von C. Schulze & Co., G. m. b. H., Gräfenhainichen.

Kolibri 360 GmbH
Ferdinand-Jühlke-Straße 7
99095 Erfurt, Deutschland
produktsicherheit@kolibri360.de